中国模式

公民法治教育实现路径探究

李金枝◎著

光明日报出版社

图书在版编目（CIP）数据

公民法治教育实现路径探究 / 李金枝著 . -- 北京：

光明日报出版社，2024.7. -- ISBN 978 - 7 - 5194 - 8085 - 1

Ⅰ. D920.4

中国国家版本馆 CIP 数据核字第 20241B7J64 号

公民法治教育实现路径探究

GONGMIN FAZHI JIAOYU SHIXIAN LUJING TANJIU

著　　者：李金枝

责任编辑：杨　茹　　　　　　　　责任校对：杨　娜　李佳莹

封面设计：中联华文　　　　　　　责任印制：曹　净

出版发行：光明日报出版社

地　　址：北京市西城区永安路 106 号，100050

电　　话：010-63169890（咨询），010-63131930（邮购）

传　　真：010-63131930

网　　址：http：//book.gmw.cn

E - mail：gmrbcbs@ gmw.cn

法律顾问：北京市兰台律师事务所龚柳方律师

印　　刷：三河市华东印刷有限公司

装　　订：三河市华东印刷有限公司

本书如有破损、缺页、装订错误，请与本社联系调换，电话：010-63131930

开　　本：170mm×240mm

字　　数：166 千字　　　　　　　印　　张：13

版　　次：2025 年 1 月第 1 版　　　印　　次：2025 年 1 月第 1 次印刷

书　　号：ISBN 978 - 7 - 5194 - 8085 - 1

定　　价：85.00 元

目 录
CONTENTS

导　论

一、问题的提出

改革开放以来，中国的经济、社会高度发展，党的十八届四中全会上确立了"推进依法治国，建设社会主义法治国家"的总目标，法治建设的实践呼吁着当下中国公民法治教育的全面展开。为回应这一时代需要，也为了落实党的十八大、十八届三中全会、十八届四中全会的战略部署，2016 年，《青少年法治教育大纲》（下文简称《大纲》）由教育部、司法部、全国普法办联合印发，目标是"在国民教育体系中系统规划和科学安排法治教育的目标定位、原则要求和实施路径"①。将法治教育纳入国民教育体系，意味着党中央认为法治素养的培育是当下中国公民教育的核心内容，而且有必要以制度形式加以保障，这标志着公民法治教育和法治启蒙工程在国家层面上的正式启动。

有别于以往的"法制教育"和普法活动，法治教育是立足于公民的法治教育，以社会主义社会的合格的"公民"为培养目标，以准确把握公民在公共生活中的角色及公民与国家关系为基础，注重教育中共同价值的融

---

① 教育部，司法部，全国普法办. 教育部、司法部、全国普法办关于印发《青少年法治教育大纲》的通知 [J]. 中小学德育，2016（8）：4-10.

入及对公共精神的凝聚，进行法治精神培育和法治生活方式的养成。避免将法律仅作为维护权利或者规避违法带来的不利而应该掌握的私人知识，或者作为实现统治目的的政治手段而仅仅强调守法和顺从。总体来说，公民法治教育在当下中国具有重要的时代价值。

首先，公民法治教育为社会主义法治国家建设提供基础性支撑。公民既是法治国家建设中权利和自由的享有者也是其践行者，党的十九大提出"打造共建共治共享的社会治理格局"① 的目标，这意味着从政府主导的单向"管理"模式到社会多元主体共同参与的"治理"模式的转向。这一社会治理模式的转变是为了进一步推进"依法治国"这一基本方略的实施，因而，积极探索"共建共治共享"型法治是当下法治中国建设的目标。为实现这一目标，务必要有公民这一关键性因素作为基础和支撑，所以，公民身份的激活至关重要。"法治"是治国理政的基本方略，当下中国公民教育的核心内容应该是法治教育，而以培养合格公民为目的的法治教育也应该由过去的法律宣传和守法教育转变为法治精神的培育和法治素养的提高。但法治精神的培育和法治素养的提高不是一件一蹴而就的事情，需要长期、系统的学习和实践，必须从小抓起。这正如《大纲》中所言："加强青少年法治教育，使广大青少年学生从小树立法治观念，养成自觉守法、遇事找法、解决问题靠法的思维习惯和行为方式，是全面依法治国、加快建设社会主义法治国家的基础工程……是培养社会主义合格公民的客观要求。"② 公民法治教育应该在公民教育框架下进行，以公民为对象、内容和目标。

"共建共治共享"型法治社会中，公民既是"共享"权利和自由的主

---

① 习近平. 决胜全面建成小康社会 夺取新时代中国特色社会主义伟大胜利：在中国共产党第十九次全国代表大会上的报告［N］. 人民日报，2017-10-08（1）.
② 教育部，司法部，全国普法办. 教育部、司法部、全国普法办关于印发《青少年法治教育大纲》的通知［J］. 中小学德育，2016（8）：4-10.

体，也是社会"共建""共治"的主体，而要实现依法共同参与社会建设和社会治理的目的，必须具备良好的公民素养，尤其是法治素养和国家政治生活的参与技能。然而，现实却不容乐观，我国公民教育起步较晚，且一直以思想政治教育的形式为主，法治教育作为思政教育的一部分依附于其中，效果并不好。改革开放以后，"传统价值观念、道德意识、思想信念和行为模式等开始从根基上发生破碎和瓦解"①。而市场经济相应的伦理道德体系还没有在人们的思想意识中完全建立起来，这就出现了所谓的"价值真空状态"。在全球化市场经济浪潮的席卷中，在利益驱使下，一些经济行为开始扭曲，出现毒奶粉、地沟油、假疫苗等恶性事件，以及坑蒙拐骗、以权谋私、赌博盗窃等违法行为，反映出我国存在少部分公民无视法律，将官方进行的法制教育、思想品德教育抛诸脑后的现实情况。要想改变当下公民法治教育的问题，应该赋予法治教育以公民教育核心的地位，持续深入地进行法律知识教育，培育公民的法治观念，使其在学习和实践中养成法治的思维习惯和行为方式。这有利于有效解决社会矛盾，推进法治秩序的最终形成。在一个规则成为非人格化权威的法治社会中，法律知识匮乏、法治素养低下对法治秩序的形成极度不利。我们知道，改革开放初期我国的制度改革与更新远远跟不上多元权力和利益的快速释放，这致使很多权利诉求没有正当的途径和方式得以实现，很多当事人借助网络舆论、越级上访，甚至引发群体性事件等方式求得问题的解决，而这些往往被一些法治意识不强的官员当作"不稳定因素"进行强力处理；还有的当事人明明有司法和其他法律规定的正当途径可以解决问题，却更愿意借助舆论，引发社会广泛关注，从而给官员施加压力，以图快速解决问题，长此以往，官民对立的情绪逐渐酝酿发酵，很容易形成隐患。此外，

① 马长山. 公民性塑造：中国法治进程的关键要素 [J]. 社会科学研究，2008，174（1）：1-8.

公民法治教育缺位导致很多人对法律和民主法治概念、制度的了解浮于表面，甚至是被曲解，比如，误将"私利"当作"权利"，很多拆迁中的纠纷因此产生。笔者曾接触过一个案例，夫妻双方共同生活了十几年后协议离婚，离婚后两人婚姻存续期间共同居住的房屋拆迁，因房产在丈夫名下，开发商将赔偿款付给了丈夫，女方听说后认为房子为两人一起生活期间共同居住的，因此都有权利获得赔偿款，在经两审败诉后成为"钉子户"，每日稳坐于废墟之上主张自己的"权利"。还有一些拆迁纠纷是由开发商只考虑自己的"拆除权利"，不顾拆迁户生命和财产安全强行拆迁所致。另有将违法行为当作"自由"、将"民粹"当作"民主"的。明代张居正曾言："天下之事，不难于立法，而难于法之必行。"通过公民法治教育，公民形成良好的法律意识和法律行为模式，有助于法治秩序和民主秩序的形成。立足于公民的法治教育，以公共精神和共同伦理为法律教育的基础和出发点，使公民不仅有对权利与自由的热切渴望，也有对公共利益和全社会福祉的浓重关怀下的理性自觉的自律意识和积极守法精神。

其次，公民法治教育为法治秩序提供价值认同。自 20 世纪 70 年代末改革开放开始，中国在法治进程中不断探索和改革，逐步开创了"中国特色社会主义法治道路"，法律体系也已经基本形成，但与之不相符的是法治秩序的建构远远未能赶上立法的速度。法治是一种理想的治国模式，"但它绝不仅仅是一种简单的规则体系构架与制度安排，而更深层次的则是法治运行机制、法治生活方式和法治文化，蕴含着制度的现代化、生活的现代化和人的现代化"①。因而，人是其中至关重要的因素，没有具有法治精神和法治意识的公民，出现制度与秩序之间的反差是必然的。因此，很多国家都非常重视公民的法治教育。

①　马长山. 法治文化视野下公民精神与品格的"自觉性生态"转型［J］. 新疆师范大学学报（哲学社会科学版），2015，36（3）：18-24.

我国由农业经济向商品经济社会转型，是在还没有形成商品经济伦理状态下由国家推行的，并且速度非常快，商品经济的"伦理和世界观还没有能渗透到国民的每一个部分使其生根，……如果变化过快的话，法和社会之间就会产生很大的间隙"①。以等价交换和效益为基础的商品经济的法律，并不能满足平衡社会的需求，甚至在传统的封建伦理被打破后成为利己主义的华丽外包装。最终，"法的世界"和"现实世界"分立存在、各说各话，法律成为外在于社会伦理，甚至与社会伦理相对立的存在，成为少数"知道法的人才能利用的魔术"②，法律很难在现实中被实行而成为现实的社会秩序。因此，要将纸面上的法律变为现实社会中的秩序，就必须使人们知晓法律、认同其价值观，使法治精神内化为公民法治意识和法治理念、外化为法治行为方式，这样，法律伦理便在社会中有了根基。事实上，很多国家都把法治精神培育和法治秩序认同列为其法治教育、公民教育的核心内容，借此来实现"法律制度"向"法治秩序"的转变，从而真正解决社会矛盾和冲突，构建和谐社会。

此外，"拥有为全社会所接受的、行使社会权威的道德正当性"是社会制度获得民众认同的基础，③ 因此，作为社会制度之一的法律必须能够反映公民的价值准则，这样才能在全社会获得普遍认同，才能使人愿意遵守从而实现其秩序构建的目的。而公民法治教育就是以培育公民的民主法治理念和参与意识为核心任务的，具体包括权力制约、法律至上、公平正义等理念的养成和民主协商能力、权利维护能力和理性自律能力的培育。这些观念和能力使公民能够独立思考、理性审视和评价法律制度，并且能

---

① 川岛武宜. 现代化与法 [M]. 申政武，等译. 北京：中国政法大学出版社，2004：29.

② 川岛武宜. 现代化与法 [M]. 申政武，等译. 北京：中国政法大学出版社，2004：29.

③ 丹尼尔·贝尔. 资本主义文化矛盾 [M]. 赵一凡，蒲隆，任晓晋，译. 北京：生活·读书·新知三联书店，1989：124-125.

够推动法律制度的变革和更新。而它最重要的功能应该是使法律制度中蕴含的价值原则与公众的价值追求相一致。这样，法律制度更容易成为公民自觉选择的行为准则，其价值也会被公民主动内化为自身的信仰。

最后，公民法治教育是"深入开展社会主义核心价值观教育的重要途径"①。"核心价值观是政治意识形态凝练的'最大公约数'和国家格言。任何社会的存在和发展，都需要核心价值观来体现共识、凝聚力量。"② 我们国家的"价值共识"和"最大公约数"就是社会主义核心价值观。它像灵魂一样贯穿于国家政治和社会生活的全部，法治是社会主义核心价值观的核心要素之一，而社会主义核心价值观的其他要素，如民主、自由、平等、公正等同样也融入了社会主义法律体系和法治理论的方方面面，对法律的运行和实施过程起着指导作用。通过法治教育，引导公民形成法治思维和法治行为方式，通过法律的指引、评价、教育和强制等规范作用的发挥，在公民遵守法律的同时践行了社会主义核心价值观。2016 年 12 月 25日，中共中央办公厅、国务院办公厅《关于进一步把社会主义核心价值观融入法治建设的指导意见》中指出，要"把社会主义核心价值观融入法治国家、法治政府、法治社会建设全过程……推动社会主义核心价值观更加深入人心"③。因此，进行法治教育，培养公民的法律信仰，同时也是培养对社会主义核心价值观的认同。而且，通过法治教育，使所有机关、社会团体的工作人员能够严格依法办事，所有的人形成依法行事的行为模式，为贯彻落实社会主义核心价值观提供了有效的实现途径和制度信任保障。2014 年，习近平在中央政治局第十三次集体学习时强调："要用法律来推

---

① 教育部，司法部，全国普法办. 教育部、司法部、全国普法办关于印发《青少年法治教育大纲》的通知 [J]. 中小学德育，2016（8）：4-10.

② 冯玉军. 把社会主义核心价值观融入法治建设的要义和途径 [J]. 当代世界与社会主义，2017（4）：11-18.

③ 中办国办印发关于进一步把社会主义核心价值观融入法治建设的指导意见 [N]. 人民日报，2016-12-26（1）.

动核心价值观建设"①，这事实上证实了法治教育能够有效地推进社会主义核心价值观教育，法律的有效运行就是对社会主义核心价值观的践行。

为此，本书的研究意义在于：

首先，对"全面推进依法治国"进行理论回应，以《青少年法治教育大纲》为指针，探索公民法治教育的路径与策略。公民法治教育是全面推进依法治国的精神动力，然而，由于传统公民教育的缺失，我国公民的法治素养与公民性品格严重滞后，并成为阻滞中国法治进程的重要因素，如何针对当下中国的现实状况，构建公民法治教育的中国模式，成为重要的时代课题。为此，本研究积极回应并探索这一重要的时代主题，寻求符合中国历史传统与现实国情的公民法治教育的路径与策略，进而推进这一关键问题的理论研究创新。

其次，系统阐释公民法治教育在当下中国的功能机制。基于公民法治教育中国模式的构建，公民法治教育在当下中国具有巨大的价值功能，本研究力图从理论上深入系统地研究分析公民法治教育的具体功能及其运作机制，形成公民法治教育的系统理论，推进该研究主题在理论研究上的丰富与发展。

再次，有效探索公民法治教育模式运行的保障机制。公民法治教育模式的构建必将对全面推进依法治国产生重要的推动功能，但是如何保证落到实处才是该问题的关键。本研究结合中国现行的政治体制与教育模式，探究公民法治教育模式良性运行的保障机制，从而形成具有针对性、实践性、可操作性的理论方案。

最后，本研究成果具有重要的实践价值。本研究与中国的现实国情紧

---

① 习近平在中共中央政治局第十三次集体学习时强调把培育和弘扬社会主义核心价值观作为凝魂聚气强基固本的基础工程 [R/OL]. 中华人民共和国中央人民政府网，2014-02-25.

密结合，并以包容的姿态吸纳世界各国法治教育方面的成功经验，探索出具有可行性的实现路径构想，能够为中国公民法治教育的纵深推进提供理论支持，为相关部门提供决策参考和智库资源。

二、文献综述

法治已成为当今世界各国的主要治国模式，公民法治教育为法治的实现提供了巨大的动力支持。基于公民法治教育的重要性，各个国家都非常重视公民法治教育的意义与价值。国外学者在公民教育方面的研究取得了很多成果，包括对公民教育和公民法治教育的内涵、价值、模式等的诸多思考。随着当代中国法治进程持续推进，公民法治素养和公民性品格对法治的重要价值受到国内学者的关注，因此，国内学者在此方面也进行了积极的探讨并形成了丰硕的理论成果。在依法治国推进过程中，一些学者敏锐地意识到公民在法治建设中的重大作用以及公民法治素养和公民性品格培养不足所带来的现实困境，并在公民教育方面进行了大量的研究。

（一）关于公民教育的研究

学者关于公民教育的研究主要集中在公民及公民身份、公民教育的概念、历史发展、价值和路径以及全球化公民教育等方面。

1. 关于公民与公民身份的研究

公民及公民身份是重要的政治概念，也是重要的法律概念，国内外学者在这方面的研究成果颇多。

（1）国外学者的研究

公民概念最早起源于古希腊，柏拉图将社会成员进行身份上的区别，分为平民和公民，前者是"自食其力，不参加政治活动，没有多少财产"

的大多数人，而后者则是享有政治权利的人，可以参与政治活动。① 亚里士多德认为公民是城邦中有权利参与公共事务的有善德的人，不包括所有社会成员，尤其不包括奴隶。② 因此，希腊城邦的公民身份是一种特权。马歇尔（T. H. Marshall）则从新自由主义的视角把公民身份界定为权利的集合，"在经典解释中，公民身份主要包括公民、政治和社会三种要素。公民的要素由一系列权利所构成，这些权利对个人自由来说是必需的，它包括人身自由、言论自由、思想和良心的自由、个人的财产所有权、缔结有效契约的权利等。政治的要素包括参与政治生活的权利、作为被授予政治权威的团体成员或者是作为那种团体成员的选举人权利。社会的要素意味着从少量的经济、福利和保障的权利到完全分享社会遗产和依据社会盛行的标准过一种体面生活的权利这一整个范围"③。随着经济全球化时代的到来，公民身份理论研究开始与侨民、难民、移民以及环境保护等社会问题紧密结合，公民身份内含了对权利和义务的双重关照。④ 英国学者基思·福克斯的公民身份理论是以自由主义为理论基础，通过弥补自由主义的不足以实现真正的自由、平等和权利等重要价值。⑤ 莎拉·德斯罗奇（Sarah J DesRoches）在《共同命运教育：重铸公民教育》（*An Education of Shared Fates: Recasting Citizenship Education*）一文中提出，基于命运共同体的需要，公民教育在培养公民身份的过程中应该在自由和激进民主之间

① 柏拉图. 理想国 [M]. 郭斌和，张竹明，译. 北京：商务印书馆，2013：347.
② 亚里士多德. 政治学 [M]. 吴寿彭，译. 北京：商务印书馆，1965：390-395.
③ MARSHALL T H. Citizenship and Social Class [M]. MANZA J, SAUDER M. Inequality and Society: Social Science Perspectives on Social Stratification. New York: W. W. Norton & Conpany Inc, 2009: 148.
④ 恩勒·伊辛，布雷恩·特纳. 公民权研究手册 [M]. 王小章，译. 杭州：浙江人民出版社，2007：1.
⑤ 基思·福克斯. 公民身份 [M]. 郭忠华，译. 长春：吉林出版集团有限责任公司，2009：12.

进行适当结合。①

（2）国内学者的研究

马长山教授在《国家、市民社会与法治》《市民社会与政治国家：法治的基础和界限》《公民性塑造：中国法治进程的关键要素》《农业转移人口公民化与城市治理秩序重建》等论著中论述公民及公民身份系统；学者邓正来的《国家与市民社会——一种社会理论的研究路径》将公民的内涵纳入市民社会的理论中进行研究；学者武进在其论著《公民身份认同教育目标的构建：责任、法治与价值取向》中对公民身份的内涵进行了界定②；学者刁瑷辉在《当代公民身份理论研究》中对公民身份的历史嬗变进行了系统的梳理与分析③；还有其他一些学者对公民及公民身份提出了相关的观点与见解，这些学者对公民的一些特质和素养进行了界定，并结合中国的现实提出了公民社会建设的相关理论。

2. 关于公民教育历史发展与未来趋势的研究

（1）国外学者的研究

英国学者德里克·希特（Derek Heater）在其论著《英国公民教育史》（*The History of Citizenship Education in England*，2001）中系统梳理了18—20世纪英国公民教育的历史发展脉络，对公民教育的历史经验进行了总结，并且结合英国的教育现状提出了公民教育存在的阻滞因素，包括国家在公民教育中的职责功能不足、选举权实现中存在的问题、社会阶级结构、战争与和平状态以及国家体制的问题等④；约斯·哈里斯（Jose Harris）在

---

① DESROCHES S J. An Education of Shared Fates： Recasting Citizenship Education ［J］. Studies in Philosophy & Education，2016，35：548.

② 武进. 公民身份认同教育目标的构建：责任、法治与价值取向 ［M］. 北京：北京大学出版社，2019：12.

③ 刁瑷辉. 当代公民身份理论研究 ［M］. 上海：复旦大学出版社，2014：25.

④ HEATER D. The History of Citizenship Education in England ［J］. The Curriculum Journal，2001，12：103-123.

《欧洲公民血统》一书中对欧洲公民身份的发展状况以及公民资格的历史变迁进行了梳理，并对"好公民"在不同时期的理解进行了分析①；英国学者德里克·希特（Derek Heater）在论著《公民身份——世界史、政治学与教育学中的公民理想》（Citizenship：The Civic Ideal in World History，Politics and Education）中分析了不同的历史阶段、不同的国家公民教育的内容和特点以及不同时期影响公民身份的不同因素，并将公民身份与人权中的教育进行关联性分析②；安·瓦德（Ann Ward）在 Polis，Nation，Global Community：The Philosophic Foundations of Citizenship（《城邦，国家，国际社会：公民权的哲学基础》）中沿着古希腊城邦到现代民族国家的历史脉络，探讨了民族、民族主义和公民权的基本原则以及民族国家与人类自由和繁荣的相关性③。

（2）国内学者的研究

朱金瑞、林世选在《新中国 60 年中国共产党人提升公民道德素质的探索》中梳理了中国共产党进行公民教育的历史脉络④；朱小蔓和冯秀军在《中国公民教育观发展脉络探析》中梳理了现代中国公民教育观"以政治为中心""以经济为中心"和"以人为本"的演进路径⑤；顾成敏在《公民社会与公民教育》中认为我国公民教育分为以阶级斗争为纲的思想政治教育阶段、以社会主义精神文明为主要取向的思想政治教育阶段和社

---

① HARRIS J. Lineages of European Citizenship [M]. Basingstoke：Palgrave Macmillan，2004：73-91.
② 德里克·希特. 公民身份：世界史、政治学与教育学中的公民理想 [M]. 郭台辉，余慧元，译. 长春：吉林出版集团有限责任公司，2010.
③ WARD A. Polis，Nation，Global Community：The Philosophic Foundations of Citizenship [M]. London，New York：Routledge，2021.
④ 朱金瑞，林世选. 新中国 60 年中国共产党人提升公民道德素质的探索 [J]. 中州学刊，2009（6）：36-39.
⑤ 朱小蔓，冯秀军. 中国公民教育观发展脉络探析 [J]. 教育研究，2006（12）：3-11.

会主义公民教育阶段①；孔月霞在《论公民教育在中国的发展趋势》中认为中国公民教育的发展趋势是弘扬传统文化和人本精神，凸显现代公民意识教育，同时彰显时代精神②；李敏和默里·普云特（Murray Print）在《现代公民教育在我国义务教育阶段课程中的实现——基于相关学科的课程标准与指导纲要的分析》中分析了我国公民教育"课程群模式"及其体现时代内涵的发展趋势③；李艳霞的《公民资格视域下当代中国公民教育的历史与逻辑》在分析当代中国公民教育特征的基础上分析了公民教育发展的历史逻辑④；张平和姚笛的《20 世纪 90 年代以来我国公民教育问题研究综述》从学术梳理的角度分析了我国公民教育在不同时期的侧重点和教育观⑤。以上学者从历史的视角分析展现了中国公民教育的发展脉络及其特征。

3. 关于公民教育价值与路径的研究

（1）国外学者的研究

学者奥骓·奥斯勒（Audrey Osler）和侯·斯塔克（Hugh Starkey）从六方面系统分析了 1995—2005 年公民教育在国家以及公民个人生活中的价值，极大地丰富了公民教育理论⑥；大卫·伯内特（David G. Burnett）在《英国的多元文化教育与公民教育》中认为，公民教育的价值在于解决移

---

① 顾成敏. 公民社会与公民教育［M］. 北京：知识产权出版社，2007：411.
② 孔月霞. 论公民教育在中国的发展趋势［J］. 理论与现代化，2009（1）：65-68.
③ 李敏，PRINT M. 现代公民教育在我国义务教育阶段课程中的实现：基于相关学科的课程标准与指导纲要的分析［J］. 教育学报，2017（2）：20-32.
④ 李艳霞. 公民资格视域下当代中国公民教育的历史与逻辑［J］. 浙江社会科学，2010（10）：31-37，126.
⑤ 张平，姚笛. 20 世纪 90 年代以来我国公民教育问题研究综述［J］. 党政干部学刊，2008（1）：61-62.
⑥ 奥骓·奥斯勒，侯·斯塔克. 民主公民的教育：1995—2005 年公民教育的研究、政策与实践述评［J］. 檀传宝，译. 中国德育，2006（1）：26-37.

民和此过程中产生的诸多社会问题①；杰洛德·沃特曼（Jerold Waltman）
对英国公民教育进行了研究，认为英国通过重视公民教育的共和主义理念
可以解决英国政治的不健康状态问题②；亚历克斯·莫尔（Alex Moore）在
《英国公民教育：为了解放抑或为了控制》（*Citizenship Education in the UK：
for Liberation or Control*）中阐述了英国应该将社群主义纳入公民教育当中，
以缓解社会中的道德和政治的问题；日本学者森岛通夫在《透视日本：兴与
衰的怪圈》一书中认为公民教育对国家的兴衰具有重要的影响，因此，必
须重视公民教育的理论研究与实践价值③。公民教育对国家的政治生活非
常重要。这些学者都是基于公民教育研究的政治结构与背景对公民教育的
价值和路径提出了相应的观点。

（2）国内学者的研究

金生鈜认为，在一定程度上，公民教育的目的，就是发展主体的认识
结构和参与社会的动机，形成公民意识，进而通过个人的积极参与，生成
一个更加美好、更加公正的社会④；夏世忠等学者认为："公民教育，是一
种以人为核心的教育，是一种协调个人与政府社会关系的教育，其宗旨在
于实现个体的政治社会化、法律社会化和道德社会化"⑤；陈媛在《社会主
义民主政治建设视阈中的公民教育》中提出公民教育应该"促进民主价值
观的形成、塑造民主政治活动主体资格、培育公民的民主政治参与能力、

---

① BURNETT D G. 英国的多元文化教育与公民教育［J］. 刘绪，译. 湖南师范大学教
育科学学报，2014（13）：5-11，17.

② WALTMAN J. Citizenship and Civic Republicanism in Contemporary Britain［J］. A Journal
of Contemporary Thought，1998：93-106.

③ 森岛通夫. 透视日本：兴与衰的怪圈［M］. 天津编译中心，译. 北京：中国财经经
济出版社，2000.

④ 金生鈜. 公共道德义务的认同及其教育［J］. 华东师范大学学报：教育科学版，
2012（3）：1-6，14.

⑤ 夏世忠，唐际昂. 高校现代公民教育科学体系的构建［J］. 中国成人教育，2007
（5）：17-18.

提升国家民主政治文明的境界"①；王文岚在《社会科课程中的公民教育研究》中认为公民教育的立足点是通过公民意识和道德的培养，使公民基于相应的知识与能力，能够认同国家和主流价值观，进而参与国家政治生活并主张权利和履行职责②。可见，国内学者的研究都将公民教育与政治和法治进行了一定的结合。

4. 关于全球化公民教育的研究

（1）国外学者的研究

奥骓·奥斯勒认为，我们生活在一个日益相互依赖的世界，普通公民的行为可能影响到生活在地球另一边的人们的生活，反过来，我们的生活、工作、所吃的食物以及我们社区的发展也正在受到全球发展的影响，因此，全球化公民教育必须受到关注③；德里克·希特指出，"世界公民的真正教育在于培养知识渊博的个人，关注人类其他同胞，行动起来减缓人类遭受的各种痛苦"④；伊娃·阿博吉耶（Eva Aboagye）和德拉米尼·S·农布索（Dlamini S Nombuso）在其论述中系统阐释了当今时代全球化公民教育面临的挑战，包括平等问题、公正问题、难民问题等，并阐释了一些成功经验⑤；此外，英国的教育家德里克·希特的《世界公民资格：世界主义思维及其反对者》（2002）、《公民资格：在世界历史、政治和教育中的公民理想》（2010）对主要发达国家的全球公民教育实践进行了细致的

---

① 陈媛. 社会主义民主政治建设视阈中的公民教育［J］. 学术论坛，2006（12）：38-42.
② 王文岚. 社会科课程中的公民教育研究［M］. 北京：中国社会科学出版社，2006.
③ OSLER A. Learning to Live Together：Citizenship Education in an Interdependent World ［M］. Leicester：University of Leicester Press，2002：2-60.
④ 德里克·希特. 公民身份：世界史、政治学与教育学中的公民理想［M］. 郭台辉，余慧元，译. 长春：吉林出版集团有限责任公司，2010：220.
⑤ ABOAGYE E, NOMBUSO D S. Global Citizenship Education：Challenges and Successes ［M］. Toronto：University of Toronto Press，Scholarly Publishing Division，2021.

描述；美国学者汉斯·珊特尔（Hans Schattle）的《全球教育与全球公民身份：拓宽公民教育的范围》对主要发达国家的全球公民教育实践进行了深入的阐释；哈坎·奥尔地奈（Hakan Altinay）的《全球公民：相互依赖世界中的责任与权利》探讨了在一个相互依赖的世界中，全球公民概念的合法性和成为全球公民的可行性；日本学者岭井明子主编的《全球化时代的公民教育：世界各国及国际组织的公民教育模式》选取了世界上 14 个国家进行实证研究，并对超越国境影响的跨国力量给予了关注，试图多角度、综合地俯瞰世界公民教育的样态。

（2）国内学者的研究

刘丹的《全球化时代的认同问题与公民教育：基于公民身份的视角》，论述了在全球化时代公民教育应该有利于巩固国家认同，因而必须设立与中国历史相衔接、与当代中国发展现实相符合的公民教育课程标准①；檀传宝的《公民教育引论：国际经验、历史变迁与中国公民教育的选择》对英美、德法、日韩等国及我国港澳台地区公民教育的历史和现状进行了梳理，在借鉴经验的基础上，对新时代中国公民教育的理论与实践的方向进行了深刻分析与展望②。此外，万明钢、王文岚的《全球化背景中的公民与公民教育》、王宗妍的《全球化时代公民教育的内涵及遭受的挑战》、邵方方的《全球化背景下美国公民教育的课程内容及启示》、付宏的《从国家公民到世界公民：美国公民教育目标的转向》、刘丹的《国际公民教育的视界：主动公民身份再造》、梁福镇的《全球化脉络下公民教育的挑战与回应》、姜元涛的《世界公民教育思想研究》，分别探寻了世界公民教育思想的背景、价值路径，并在对不同国家和地区世界公民教育实践进行比

---

① 刘丹. 全球化时代的认同问题与公民教育：基于公民身份的视角［M］. 北京：北京师范大学出版社，2013.
② 檀传宝. 公民教育引论：国际经验、历史变迁与中国公民教育的选择［M］. 北京：人民出版社，2011.

较研究的基础上，对其发展趋势进行了预测。学者曲红梅和高伟茹的《康德世界公民思想的四个焦点问题》、曲相霏的《人·公民·世界公民：人权主体的流变与人权的制度保障》、韩水法的《权利的公共性与世界正义——世界公民主义与万民法的比较研究》等关于世界公民与世界主义、全球主义的提法本身受到很多非议，但这一研究确实给全球化时代的公民法治教育提供了全球视野和思考路径。

（二）关于公民法治教育的研究

1. 国外学者的研究

在西方法治发展的历史中，公民教育与法治建设存在的关系很紧密，公民教育也通常是在法治的语境下进行论述的，很多法学家、政治学家和哲学家都对公民法治教育提出了相关的思想与理论，并且，西方国家在不同的历史时期，对公民法治教育的研究及思想凸显了时代的特殊性，"公民教育"的内涵也随着时代的变迁具有不同的内涵和外延。古希腊的柏拉图和亚里士多德将公民教育与公民德行进行结合，在其教育著作中，为使其城邦恢复到政治健康的状态，尝试以课程设计作为培养公民美德的一种手段，教育的目的是公民能够以正直的、负责任的而且无私的方式对公共议题做出回应。亚里士多德认为，"在城邦中不仅应实行财产均等，而且还应当实现教育均等……如果这种教育容易让人们变得贪婪，或者野心勃勃，或者两者兼而有之，那么即使人们受到的是同样的教育，那也并无任何好处"①；西塞罗（Cicero）认为，一个国家从根本上来说必须是道德的共同体，公民在其意识中必须坚持权利与义务之间的伦理与法律纽带；西塞罗和昆体良（Quintilian）强调在公共事务讨论中把道德提升与修辞说服结合在一起，认为一个真正的公民必须能够在公共事务与私人事务中满足

---

① 苗力田. 亚里士多德全集：第九卷［M］. 北京：中国人民大学出版社，2016：49-50.

各种需要，能够通过协商对国家的治理起到引导作用，并且能够通过立法为国家建设提供坚实的基础，这样的公民确切地讲，就是一名演说家①；在中世纪，神权思想盛行，真正意义上的公民基本隐匿，但是一些学者对公民教育还是给予了必要的关注，著名意大利学者维格里奥（Vergerio）在其论著中主张宣扬历史和道德哲学的研究，灌输一种公民美德的意识，强调一名公民应该具备的职责意识；17世纪，英国学者杰腊德·温斯坦莱（Gerard Winstanley）认为，通过公民教育，可以使公民更加理性地管理自己的事务，同时也能够有能力熟悉政府的本质并理性地支持政府②；法国的孔多塞（Condorcet）从五方面对教育问题进行阐释，认为从初级水平的学生开始，就应该教育其充分享有权利的意识，每个公民都应该号召起来，教育其了解自己的需要③。

随着法治作为一种治国模式被普遍接受，法治教育的相关研究也更为丰富。19世纪，英国的罗伯特·欧文（Robert Owen）和詹姆斯·密尔（James Mill）都对政治教育非常重视，密尔认为："通过教育和舆论的力量可以使每个人心中建立起自身幸福与全体利益密切联系的观念，这样，每个人自身的幸福就与他人的幸福联系起来，每个人都能养成一种习惯性行为动机去促进普遍的善。"④ 19世纪早期的社会主义者如欧文和傅立叶（Fourier）强调学校组织的合作行为的种种美德，马克思和恩格斯也对教育的重要性予以关注，"每一个社会主义者以及基本上每一个慈善机构都有这样一个空间，也因此有许多志同道合的人。在这里，孩子们接受一种

---

① 德里克·希特. 公民身份：世界史、政治学与教育学中的公民理想 [M]. 郭台辉，余慧元，译. 长春：吉林出版集团有限责任公司，2010：28-31.

② WINSTANLEY G. The Law of Freedom in a Platform：or，True Magistracy Restored [M]. London：Cresset Press，1944：173-174.

③ 德里克·希特. 公民身份：世界史、政治学与教育学中的公民理想 [M]. 郭台辉，余慧元，译. 长春：吉林出版集团有限责任公司，2010：81.

④ 秦树理，陈思坤，王晶. 西方公民学说史 [M]. 北京：人民出版社，2012：72.

纯粹的无产阶级教育，免于遭受所有资产阶级的影响"①。20世纪的各种强大力量型构和重塑了19世纪充满活力的政治理念，所以必须调整公民身份以及公民教育的内容，使其适应新的政治现实。② 公民教育获得了前所未有的关注，很多学者都充分肯定了教育对矫正公民行为发挥着非常关键的作用，并且呼应着民主诉求。奥雅·奥斯勒等认为，为了符合国家法治的需要，英国应该在学校层面通过课程设计以及课堂时间等方式强化公民能力的培养③；在《公民教育、教育政策和非政府组织》（Citizenship Education, Educational Policies and NGOs）一文中，安娜·贝拉·里贝罗（Ana Bela Ribeiro）等人指出，青少年政治冷漠问题是20世纪80年代以来需要关注的现实问题，应该通过公民教育培养积极公民，在这一过程中，社区和非政府组织应发挥重要的作用④；托尼·珀塔（Torney-Purta J）在《青少年的政治社会化：桑福德理论下的国际研究》（Adolescents' Political Socialization in Changing Contexts: An International Study in the Spirit of Nevitt Sanford）一文中基于桑福德理论，分析了青少年政治心理和法治素养的现状及公民教育的基本路径⑤；诺尔斯（Knowles）根据2009年IEA国际公民素养研究亚洲区域模块的相关数据，分析了亚洲传统价值观与公民民主

---

① Engels, Condition of the Working Class in England in 1844, 引自德里克·希特. 公民身份：世界史、政治学与教育学中的公民理想 [M]. 郭台辉，余慧元，译. 长春：吉林出版集团有限责任公司，2010：136.
② 德里克·希特. 公民身份：世界史、政治学与教育学中的公民理想 [M]. 郭台辉，余慧元，译. 长春：吉林出版集团有限责任公司，2010：141.
③ BURNETT D G. 英国的多元文化教育与公民教育 [J]. 刘绪，译. 湖南师范大学教育科学学报，2014（13）：5-11，17.
④ RIBEIRO A B, CAETANO A, MENEZES I. Citizenship Education, Educational Policies and NGOs [J]. British Education Research Journal, 2016, 42：654.
⑤ TORNEY-PURTA J. Adolescents' Political Socialization in Changing Contexts: An International Study in the Spirit of Nevitt Sanford [J]. Political Psychology, 2004, 25：456-478.

素养之间的内在关联，强调公民民主素养培养的重要性①。此外，美国学者理查德·达格（Richard Dagger）和英国学者盖特瑞·帕里（Geraint Parry）分别从"共和主义的自由主义（Republican Liberalism）"以及在超越共和主义与自由主义之上提出的"互动社会模式（mutual society model）"下的公民理论。② 以上学者都是基于不同时代的政治特征对公民法治教育从不同角度进行了研究。

2. 国内学者的研究

近年来国内关于"法治教育"的研究颇丰，笔者于"读秀"以"法治教育"为主题词的图书共搜得 301 种图书，但其中以法治教育为研究对象的著作很少，基本都是教材、普法读本等。具体包括以下几方面的研究：

（1）关于"中国公民法治教育路径选择"的相关研究

国内著述中关于法治教育途径的论述较少，一般均是依托于学校的课程教育或是通过国家的普法活动实现，也有通过学习域外的公民参与的方式实现法治教育的研究，但立足于本国国情进行法治教育系统性途径构建的研究还很少。主要的著述有：马长山的《法学教育与法治启蒙》和《法治文化视野下公民精神与品格的"自觉性生态"转型》、江国华的《宪法与公民教育——公民教育与中国宪政的未来》、周叶中的《宪法与公民生活息息相关》、刘莹的《改革开放以来中国普法教育之嬗变》、张福刚的《国家普法与民间维权——渐进发展模式下宪政启蒙之路径选择》、王晓慧的《我国高校法制教育的现实困境与理性选择》、张美琴的《网络时代学校法制教育：挑战、机遇与对策》、盛亚丹的《公民法治教育研究综述》、

---

① KNOWLES R T. Asian Values and Democratic Citizenship: Exploring Attitudes Among South Korean Eighth Graders Using Data from the ICCS Asian Regional Module [J]. Asia Pacific Journal of Education, 2015, 35 (2): 191-212.

② 德里克·希特. 何谓公民身份 [M]. 郭忠华, 译. 长春：吉林出版集团有限责任公司, 2007: 181.

辛世俊的《公民权利意识研究》、柯卫的《当代中国法治的主体基础：公民法治意识研究》、戴耀庭的《法治教育》、王晨艳的《社会转型期公民教育的路径选择》、宋世勇的《高校大学生廉政法治教育应用模式研究》、邢国忠的《社会主义法治理念教育研究》、陈正桂的《宪法教育：美国公民教育的重点与核心》、刘继青的《当代香港公民教育的特点及其发展趋势》、谢佑平和王永杰的《多元视野下的美国少年法治教育：途径、策略及启示》、武进的《公民身份认同教育目标的构建：责任、法治与价值取向》、王晓辉的《法国公民教育的理论与当前改革》、李升元的《公民意识教育：法治实践的附加价值研究》等。这些学者对中国公民法治教育问题都做了深入的思考，并提出了很多关于法治教育路径选择的创见。

（2）关于"普法"问题的相关研究

中国普法有着三十年的历史，普法是中国法治教育的重要方式，但法治教育与普法二者的区别还是比较明显的，法治教育的主体更为广泛，尤其是近年在法治教育路径选择上学者们更是提出全社会参与的法治教育模式，任何组织和个人都可以成为法治教育的主体，但普法的主体就比较单一。另外普法是阶段性展开的，至今我国已有普法的八个五年规划，每个阶段的侧重点不同，国内有关普法的著述颇丰。有关于普法性质的研究，如许章润在《普法运动》一文中将立法活动归结为"建国"活动，是运用现代法律形式构建具有民主法治秩序的国家形体的政治活动，而普法的性质定义为配合立法的自上而下的全社会的动员活动。赵天宝在《中国普法三十年（1986—2016）的困顿与超越》一文中认为"普法是我国政府为了普及法律知识和培育法治观念开展的专项活动"①。关于普法和法治的研究中，学者通常认为不能将普法作为一个独立的问题研究，而应该将其视为

———————————

① 赵天宝. 中国普法三十年（1986—2016）的困顿与超越 ［J］. 环球法律评论，2017（4）：60-69.

法律文化、法律意识养成和传播的重要途径，应该与法治教育建立密切的联系。唯有将二者相连，才能使普法更好地渗透，取得良好的效果。

（3）关于"学校法治教育"的相关研究

我国研究学校法治教育的论著十分丰富，有雷笑和雷守学的《中小学法治教育体系审视与建构》、靳玉军的《加强青少年法治教育的若干思考》、李红勃的《学校法治教育的阶段性目标、内容与方法——基于大中小学德育一体化语境下的讨论》、张善超和李宝庆的《法治教育融入中小学课程设计的途径与特色》、杨晶和覃文杰以及周巍的《我国青少年法治教育现状及发展路径研究——基于武汉市调查数据的分析》、兰红燕的《学校对农村青少年法治教育的路径探究》、臧宏的《高校法治教育的目标体系探析》、莫良元的《高校法治教育实践过程中存在的问题与对策》、姜伯成和屠明将的《中等职业学校法治教育实施的成效、问题及改进》、陈洁的《我国法学生法治教育研究》、袁文华的《加强当代大学生网络空间法治观教育》等。这些研究比较全面地探讨了学校各个阶段法治教育的目标、内容、体系、困境和出路，更有专门探讨中小学、高校、职业院校农村法制教育的专门问题的，研究细致深入。但缺乏公民法治教育的整体性视角，将学校的法治教育放在公民法治教育的视野下进行审视和思考，应该是法治社会建设中更有意义的工作。

（4）关于法治教育与德育和思想政治教育的关系及衔接的相关研究

基于我国现在中小学课程设计的特点和法育与德育取得良好效果的可行性路径的思考，很多学者提出应正确处理法育与德育的关系，将二者良好衔接，甚至有学者提出要将法治教育融入道德教育。这方面的成果有：何利平和陈红梅的《新时代县域小学生道德与法治教育的策略研究——以桂阳县士杰学校为例》、王清的《德法融合引领的小学道德与法治教学策略探究》、刘陆战的《初中道德与法治教学有效性小议》、夏冰清的《初中

〈道德与法治〉八年级下册教材中的法治教育研究》、郭颖的《"德法兼治"理念下高校法治教育探究》、苏培园的《小学道德教育与法治教育融合的教学策略》、李志强的《再谈新时代"思想道德修养与法律基础"课中的道德与法律关系问题》、王双群的《法治教育与德治教育的内涵及意义》、杨梦姣的《思想品德课教学中法治教育研究》、余世明的《思想品德教科书中法治教育研究》、苏百泉的《高中思想政治课法治教育研究》。然而，这些研究成果大多是站在道德教育的角度去思考法治教育问题，因而不能很好地厘清法治教育与政治教育和德育的关系，也不能探索到使二者有效衔接从而实现法治和公民教育良好效果的有效路径。

国内外关于公民法治教育的研究资料有很多，但大多集中于学校课程方面的研究，或者将法治教育作为公民教育的组成部分在研究公民教育时略带涉及。法治建设这个整体工程应该推进"法治国家、法治政府、法治社会一体建设"①，而法治社会的建设若想不落后于前二者，便要将民主法治从制度层面落实到实践中，这有赖于法治教育实现向立足于公民品格的法治素养培育的转向。但从现有文献看，与公民法治教育模式和路径选择高度相关的文章并不多，有必要紧密结合党的十八大、十九大以及《青少年法治教育大纲》的战略要求对公民法治教育进行系统思考和研究。

三、本书的研究方法

1. 文献资料分析方法

对国内外学术界有关公民法治教育的论著进行查阅、整理和分析，对相关的观点进行梳理，并在现有理论的基础上提出并完善本书的观点。

---

① 习近平. 中共中央关于全面推进依法治国若干重大问题的决定：二〇一四年十月二十三日中国共产党第十八届中央委员会第四次全体会议通过 [N]. 人民日报，2014-10-29（1）.

2. 历史分析方法

无论是西方还是中国，公民法治教育基于不同时期的政治结构以及文化形态，形成了自身发展的历史脉络，因此，本书需要对每个历史阶段的公民教育的背景、目标、模式等进行分析，以发掘其内在的发展逻辑及规律。

3. 系统分析与比较分析相结合的方法

本书对中国公民法治教育进行系统性的分析，并对中国不同时代以及中西方不同国家的公民法治教育进行比较分析，从而发掘公民法治教育的价值，并在此基础上探究当代中国公民法治教育的模式及路径。

4. 多学科的分析方法

本研究运用了法学、政治学、社会学、教育学等多种研究方法，对当代中国公民法治教育的模式、功能机制以及实施路径进行多元化、全方位的研究。

四、研究框架

本书研究的主题是公民法治教育的模式与实现路径，在对中西方不同时期公民法治教育的发展样态进行分析、总结的基础上构建当代中国公民法治教育的模式，剖析公民法治教育的中国模式的功能机制及其实施路径。

本书由四章组成：

第一章为"全球化时代的公民教育变革与趋势"，本章包括三个部分，分别为"全球化对各国公民教育的挑战""既有公民教育模式的困境""当今世界公民教育的趋势"。该章主要是分析公民法治教育产生的背景以及不同国家各种公民教育模式存在的问题与困境，并在此基础上分析了当今世界公民教育的发展趋势。

第二章为"新中国'人民性'的定位与公民法治教育的当下转向"，本章包括三个部分，分别为"新中国政治语境中'人民性'的定位与塑造""立足公民品格的法育转向与法治中国建设""当下法治教育的时代意义与重要使命"。该章主要是通过对新中国"人民""公民"教育的背景、内容、目的分析，探究当下中国公民法治教育的时代价值与使命。

第三章为"公民法治教育的中国模式建构"，本章包括四个部分，分别为"'一核多元'的价值主线""结构平衡的权义定位""公私领域的两重框架""制度理念的层级安排"。该章基于中国的历史传统和现实国情，构建符合中国法治建设与改革发展之路的公民法治教育的模式。

第四章为"公民法治教育的功能机制与实现路径"，本章包括三个部分，分别为"认同与接纳：公民法治教育的核心功能""公民法治教育的四维功能机制""多方协同的实施路径"。该章系统分析了公民法治教育中国模式在当代中国的核心功能以及四维功能机制，并具体阐释了公民法治教育的实施路径。

第一章

全球化时代的公民教育变革与趋势

　　全球化（globalization）一词是伴随着经济的全球化、一体化发展而出现的，近年因信息、交通的迅速发展，"全球化"已经成为经济、政治、科技、文化领域的重要现象，并带来了前所未有的挑战和机遇。随着全球化时代人们的交往格局和交往方式的改变，全球问题和全球治理的出现，个人和国家的关系被重新定义，原有的公民教育理论及实践受到了前所未有的挑战，各国都更加重视公民教育问题。全球化既是一个代表着人类社会发展阶段的历史性概念，也是一种人们认识问题、解决问题的立场、背景和方向，因而对公民教育问题的思考也有必要置于全球化场域中进行。

第一节　全球化对各国公民教育的挑战

　　全球化、信息化时代，"世界发生了重大的经济、政治、社会和文化变革，使各国和各国人民生活在一个相互关联、相互依存的世界中"[①]，国家间交往的密切程度和竞争压力被空前强化；社会日益多元化和复杂化，引发了公民对共同体及其价值的认同危机及对政治的漠不关心，民主法治制度面临各种挑战。各国都不得不重新定义公民身份，谨慎地对待公民角

[①]　张超. 加拿大中小学全球公民教育课程研究［D］. 哈尔滨：哈尔滨师范大学，2020.

色的重大转变和公民价值诉求的更新。这直接引发了西方 20 世纪晚期以来公民领域的学术革新。在此背景下，"公民共和主义的复兴运动已经成了西方学术近半个世纪以来最为引人注目的现象之一"①。公民共和主义反对自由主义注重个体权利和自由实现的"消极公民"取向，强调公民之间的平等，赞扬积极参与和具有公共精神的"积极公民"的主张。他们认为"健全和稳定的现代民主不仅仅依赖于其'基本结构'的正义，而且还依赖于其公民的品性（qualities）与态度"②。但这种公民观也让有些学者深深担忧："所有当代形式的多数独裁都会利用这种强调公共精神的公民观，在这些政权中所谓'好公民'是指那些放弃一般道德考虑，完全接受权威所认定的公共善的人。"③ 可见，个人自由与公共生活、私人权利与公共参与、自我追求与公共精神的平衡仍然是各国公民性品格塑造中的一个未解难题。除了上述自由主义和共和主义的公民教育模式，其他公民教育模式，如公民社群主义、公民多元主义等也试图做出平衡、调和与努力，但仍存在这样或那样的问题，因此，仍有必要继续深入研究以探寻解决之道。

一、世界公民意识对民族国家观念的冲击

全球化使各国之间的联系更为紧密，很多问题需要各个国家以全球的视野予以合作才能解决，这就推动了世界公民意识的形成，而世界公民意识对民族国家观念则构成了一定的冲击，由此使各国在公民教育中都面临教育模式与内容的重新调整。

---

① 应奇．选编说明［C］//应奇．刘训练公民共和主义．上海：东方出版社，2006：
1.
② 威尔·吉姆利卡，威尼·诺曼．公民的回归：公民理论近作综述［C］．毛兴贵，
译//许纪霖．共和、社群与公民．南京：江苏人民出版社，2004：246.
③ 林火旺．正义与公民［M］．长春：吉林出版集团有限责任公司，2008：207.

（一）新的交往格局推动世界公民意识的形成

在当今世界，经济的全球一体化发展促进了新的交往格局的形成。二战后，发达国家贸易往来频繁，并逐渐形成了国际经济机制，大量的跨国公司成为经济发展的新动力。"各国经济互相渗透、互相依存，趋于一体。"① 该趋势"是并且首先是一个改变、调整以至最后消除各国之间各种自然的和人为的疆界的过程"②。交往日益紧密必然会带来日益加深的彼此间依存的关系，近年来，随着全球性生态危机、恐怖主义、跨国犯罪、武器走私、贩毒、环境污染、失业、流行疾病等问题，人类面临生存与发展的共同威胁。面对关涉全人类前途命运的问题，每一个国家、民族和个人都必须理性抉择、携手共进，才能有所应对，人类命运被紧紧地联系在一起，这就逐渐形成了全球范围内公民的共同责任意识的要求，由此提出了从世界视野和角度解读公民身份的新挑战。随着国际经济、文化和政治交往中形成的国际法律、惯例、制度及国际秩序发挥的作用越来越重要，拥有全球意识的"世界公民身份"的概念变得越来越清晰。世界公民主义首先包含平等、自由、公正等普世的价值观，同时包含与这些价值观相配套的民主、法治、宪政等的制度安排。③ 英国教育家派克（Pike）和赛礼拜（Selby）提出了"形成全球观念的五个组成部分"：一是培养学生系统模式思考的能力，理解世界的系统本质以及对自己的能力和潜力有整体的把握。二是使学生认识到自己的世界观不是每个人都认同的，对学生进行不同观点接受能力的培养。三是使学生认识和理解全球的整体情况、发展过程以及发展趋势；对正义、人权和责任心思想有正确的理解并能把这种理

---

① 雅克·阿达.经济全球化［M］.何竟，周晓幸，译.北京：中央编译出版社，2000：12.
② 雅克·阿达.经济全球化［M］.何竟，周晓幸，译.北京：中央编译出版社，2000：56.
③ 喻希来.中国人本位的世界公民主义［J］.战略与管理，2003（2）：28-34.

解运用到全球发展之中；以长远的眼光来思考地球的健康。四是使学生意识到他们个人或者集体的决定和行为对整个地球的当前和将来的深远意义；掌握社会和政治行动的技巧，以便将来在当地或全球的层次成为高效率的参与者。五是使学生认识到个人的学习和成长是个长期的过程，没有固定和永久的终点；要明白看待世界的新方法是令人振奋然而又是有风险的。① "勃兰特委员会" 1979 年 12 月发表研究报告《北方和南方：争取生存的纲领》，认为 "相互依存" 已经成为新的世界发展模式，世界所有国家的学校都应该关注国际问题，并且让年轻人清楚地看到当下所面临的危险，从而意识到自己的责任并寻求合作的机会。因此，基于人类命运共同体的现实需求，世界公民意识成为各个国家所关注的问题，即全球化推动了世界公民意识的形成，也促使各国在公民教育过程中对全球化问题以及人类命运共同体的相关问题予以高度重视。

（二）世界公民意识对民族国家观念的冲击

全球化对民族国家产生了深远的影响，全球化过程中被西方学者标榜为 "无国界" 的经济虽然不可能真正做到超越国家性，但确实在空间上波及世界上所有国家、遍布地球的每个角落，而这一空间上的变化无疑对主权国家的内涵形成了巨大的冲击，这就意味着民族国家主权行使的范围及控制力都受到全球化的影响。而且，世界公民意识的形成，推动公民教育中全球意识、世界立场及普遍价值要素的纳入，也不得不考虑在这样的背景下民族性与多样性的维护及二者之间的兼容与协调。有学者认为，"公民身份是认同感的一种形式，这种形式孕育和包含着可能导致分歧的其他认同形式，因此就必须把世界公民当成是一种最终的一体化与和解的身

---

① PIKE G, SELBY D. Global Teacher, Global Learner ［M］. London：Hodder & Stoughton, 1988：34-35. 引自德里克·希特. 公民身份：世界史、政治学与教育学中的公民理想 ［M］. 郭台辉, 余慧元, 译. 长春：吉林出版集团有限责任公司, 2010：225.

份，也就是将国家公民以及其他社会和文化群体的情感综合起来而实现的一体化"①。但"世界认同"与"国家认同"既有一定的内涵上的交叉，同时也存在一定的较量与冲突。"世界认同"需要"世界公民教育"，"世界公民教育"的任务是培养具有认识世界的知识、能力和价值观，具有全球意识和责任的公民以及各国开展的"世界公民"相关课程。② 但是，全球公民意识主张超越国家利益视野，以世界范围重新构建"新型社会"，而这种新型社会则突破了国籍、意识形态以及民族身份和民族国家的限制，以超越国家和区域的视角重新确定公民的权利、义务和责任。③ 世界认同感和责任意识的形成，冲击着传统的民族意识和国家意识。越来越多、影响也越来越大的国际组织接踵而至，民族国家对国民的控制和约束变得日益困难。公民以超越国家的视角倡导和维护所谓的全球利益必定会触犯到民族国家的一些利益底线，由此而造成世界认同与国家认同的内在张力。因此，如何在"世界认同"与"国家认同"中进行有效的调和就成为公民教育重要的任务与使命。

二、多元文化的融合与冲突中的认同危机

在资本主义之前的"身份社会"，人们在家族及社会中有相对固定的"身份"，一个人在法律上的权利和义务往往取决于他先天或后天具有的身份，这种情形极为普遍，构成社会的常态。④ 这个时候人们不会考虑"认同"或者"承认"的问题，这不意味着他们没有在共同体中身份的认同，

① 德里克·希特. 公民身份：世界史、政治学与教育学中的公民理想 [M]. 郭台辉，余慧元，译. 长春：吉林出版集团有限责任公司，2010：265.
② 宋强. 世界公民教育思潮研究 [D]. 长春：东北师范大学，2016.
③ 陈竹萱，罗会钧. 中法全球公民意识教育比较及启示 [J]. 大陆桥视野，2020（11）：76-78.
④ 梁治平. 身份社会与伦理法律 [J]. 读书，1986（3）：36-42.

也不意味着他们不需要被"承认"，只因为这些是自然存在的东西，不构成一个值得去谈论的问题。① 因为每个人几乎都是受身份关系制约的，不能完全独立地为自己的事情做决定，也就不可能形成自由的个性。随着市场经济代替自给自足型的传统经济，自由主义理念兴起，传统身份社会被彻底打破，人们的自我意识逐渐觉醒，价值观日益多元化。尤其是发展到当代，随着经济全球化，信息网络遍布地球的每一个角落，水、路、空交通网络的全面铺展，为不同种类的文化快速传播提供了便利的途径。各种文化在世界范围内更多地碰撞、交流、冲突与融合，主权国家的价值和观念受到挑战，其在公民心目中的权威和认同感被大幅减损。"全球化，多文化主义，世界主义，移民，贬低和反对国家特性、国民身份的情绪"②在全世界各个国家和地区几乎同时酝酿爆发，同时爆发的还有族群对整体价值的"认同"与国家对个体公民身份的"承认"上的矛盾。

（一）商业文化对民族国家认同的侵蚀

在全球化过程中，国际经济组织和跨国公司在国际经济往来中的地位日益凸显，每个跨国公司都有独特的企业文化和价值观念，他们会要求员工认同公司的价值和文化并且忠诚于公司，员工为了得到公司的认可并迅速融入公司，也会主动接受公司的价值观，这对祖国文化的认同和忠诚构成了挑战。此外，跨国贸易中全球范围的商品销售和推广，使附着于商品之上的文化和价值也会同时被推销出去，使用商品的人耳濡目染，渐渐地会在文化和价值上被同化，近些年人们热议的"西化"问题便源于此。"西化"主要是美国化，美国的快餐几乎分布在全球的每个城市，美国的"好莱坞文化"的影响范围扩充到了全世界，它渗透到了几乎所有国家人

---

① 查尔斯·泰勒. 承认的政治 [C] //陈清侨. 身份认同与公共文化：文化研究论文集. 牛津：牛津大学出版社，1997：12.

② 塞缪尔·亨廷顿. 我们是谁？美国国家特性面临的挑战 [M]. 程克雄，译. 北京：新华出版社，2005：4.

民的审美观、日常生活与思想。美国的计算机和信息技术发展得早，"其先天的技术优势使自身享有多项网络特权——除'美国信息交换标准代码'（ASCII）被公认为国际通用代码外，英语更是获得了极大的传播空间，以至于几乎成为计算机语言的代名词"①，它们影响着所到国家公民的日常生活、价值观与思想，这些商业文化的传播也侵蚀着消费者对传统民族国家文化的认同，而且，除非地处偏远几近孤立存在的山村，在经济上高度相互依赖的当代，这种影响可以说是避无可避的，"在一个现代性开始占压倒优势和高度相互依赖的世界里，完全拒绝现代化和西方化几乎是不可能的"②。由此可见，在全球化过程中，商业维护的传播对民族国家的认同构成了很大的挑战。

（二）多重公民身份对民族国家认同的挑战

全球化进程中，人口流动性加大，区域联系增强，个人的角色和身份变得复杂，很多人不仅是一个国家的公民，还拥有着多重公民身份。当下全球人口不断流动、移民大潮和难民、获得永久居留权的外国人及非法居住的外国人不断增加，他们大多数保留了对其母国的归属感，民族国家试图统一文化和价值认同的公民教育方式往往容易遭遇反弹，因而必须承认存在超越民族国家界限的族群文化认同。而且，越来越多的"非国民"不甘于"客居"身份，主张享有居住区的政治权利并参与政治生活，因此，"在一些实施地方自治制度的国家，越来越多的'非国民'获得城市公民权，形成'区域公民'群体"③。原来仅凭国籍赋予公民身份的传统被打破，取而代之的是一种拥有实质公民权利的公民身份。另有像欧盟这样的

---

① 范龙，王潇潇．试论网络时代的文化全球化［J］．湖北大学学报，2010（1）：112-115.

② 塞缪尔·亨廷顿．文明的冲突与世界秩序的重建［M］．周琪，等译．北京：新华出版社，2010：64.

③ 岭井明子．全球化时代的公民教育：世界各国及国际组织的公民教育模式［M］．姜英敏，译．广州：广东教育出版社，2012：2.

国际组织也强调培育欧盟公民，"通过教育传授基本的价值观并将其作为构成欧盟社会观的基础"，从而"促进公民权利、社会包容、不歧视以及积极公民认同，确保年轻人具备跨文化的能力"①。综上，全球化时代公民的多重公民身份在很多国家和地区已经形成了，其至少包括城市公民、民族国家公民、欧盟等超国家形式的半联邦公民及上文所述的世界公民等几个层次。② 每一重公民身份都附加着不同的忠诚义务和价值、制度、文化的认同与情感，它们与公民的国家认同和情感不断地发生着冲突和融合，并对国家认同构成了巨大的挑战。

三、网络化智能化对数字公民的迫切需求

随着网络信息技术和人工智能技术的飞速发展，人类社会进入网络化智能化时代，网络化智能化引发了虚拟与现实"双重"空间的社会变革，由此导致各个国家对数字公民培育的迫切需求。

（一）网络化智能化引发的"双重"空间的社会变革

传统媒介形式，如口语、报纸、电视、广播等"均以中心化和非交互性为其特点，因此通过受控于社会主流势力而将公众结构性地置于单向传播过程的接收端，它们创建了一个被动且沉默的受众群，并为之提供一种'媒介环境'"③。在传统媒介社会中，公众的信息结构及其思想和文化结构相互接近，并容易形成统一的意识形态。网络信息技术的发展不仅实现了信息传播的大众化、平等性和多中心性，还达成了远距离主体间的即时

---

① 姜峰，陈锦韬. 欧盟《通过教育促进公民权利以及自由、包容、不歧视的共同价值观》宣言述评 [J]. 世界教育信息，2017（20）：33-45.

② 德里克·希特. 何谓公民身份 [M]. 郭忠华，译. 长春：吉林出版集团有限责任公司，2007：118-119.

③ 范龙，王潇潇. 试论网络时代的文化全球化 [J]. 湖北大学学报，2010（1）：112-115.

交流、主体间的交互性交往，也即信息发布者和受众之间、受众和受众之间的直接交流与对话，这打破了传统民族国家对文化信息传播的控制。如果说经济的全球化发展是全球化的开端，那么计算机和网络技术的发展则是将它向前推进了一大步。进入网络时代后，随着 4G、5G 网络和移动终端的普及、各种通信软件的开发，人类原有的交往方式和时空概念发生了几乎颠覆性的改变。我们的交往空间范围被极大地扩展。互联网实现了人们能够在任何地点、任何时间和在世界上任何其他地点的人自由交流、贸易，使人类的生存空间突破了现时的、熟人的范围，拓展到了虚拟世界。而手机等移动终端和移动网络的普及，甚至打破了现实世界和网络世界间的界限，形成了一个虚拟和现实交互的世界。人与人之间的距离几近为零，真正实现了主体和资源两方面的全球性流动。互联网使人和人的交往出现了即时性的特点。以前与远距离对象交往，是需要通过车马邮件的，耗时较长。网络技术使信息能够即时送达，大大节省了交往的时间成本，使世界范围的频繁交往成为可能。在虚拟空间中，"一个民族国家的政治文化需要被所有来自不同地区和国家的民众认可"①，因此，新的交往方式使人们的生活场域扩大到了世界范围，世界范围的交往日益频繁和加深，了解日益增多，也逐渐形成了更多的共识和认同，但也面临更多的冲突。而且，近年来，随着人工智能的飞速发展，智能化的交往格局对个人生活、国际交往都产生了深远的影响。众所周知，农业革命和工业革命对人类生产和生活方式的改变都是在物理空间进行的，而信息革命则带来了人类人的属性和存在方式的改变，这就不可避免地导致"基于'固态社会'而形成的生产生活规律、社会组织形式、社会治理体系、法律制度规范

---

① 尤尔根·哈贝马斯. 包容他者［M］. 曹卫东，译. 上海：上海人民出版社，2002：138.

等，必将面临数字时代'液态'发展逻辑的挑战和重塑"①。也就是说，网络化智能化使人们的活动由物理空间扩展到虚拟空间，并由此引发政治、经济等各个领域巨大的社会变革。

（二）培养数字公民素养的现实需求

网络化智能化时代的主体性活动不仅在现实世界与虚拟世界穿插进行，而且突破了主权国家的物理界限，在无疆界的网络空间中，很多法定的权利义务关系面临颠覆性变革，数字化的公民身份如何承担公民责任不仅是主权国家关注的重要问题，同时也是全球化视野中各个国家共同关注的问题。网络化智能化在"在人类有史以来惯常生活的现实空间之外开辟出了虚拟空间，在人的天然生物属性之外添附了数字属性"②，自媒体软件的开发和利用使得人人都能成为"媒体人"，都能自主地发布信息并且实现信息的瞬时传递，这样，在全球网络中，不同的文化、价值、信仰、意识形态和立场实现平面化流动，民族国家的话语权在很大程度上被剥夺，人们原有的价值观念和行为模式，国家认同和民族凝聚均受到巨大冲击。

"在数字世界里，国家之间无法对主体的行为形成有效的结构性约束，导致国际网络空间存在着明显的'结构性困境'。"③ 而且，一些网络化智能化侵权、犯罪活动以及人权问题完全突破主权国家的物理界限和控制范围，相关问题的解决需要国际社会的广泛合作。那么，如何培养数字公民，提高公民的数字素养就必然成为各个民族国家公民教育的重要任务。数字公民是指公民"具有数字素养，基于民主社会的自由、平等、团结的基本价值观，以批判的、积极的、负责任的公民身份参与数字社会"④。网

---

① 马长山. 数字社会的治理逻辑及其法治化展开 [J]. 法律科学，2020（5）：3-16.
② 马长山. 数字社会的治理逻辑及其法治化展开 [J]. 法律科学，2020（5）：3-16.
③ 刘尧，许正中. 数字社会的六大变革 [N]. 学习时报，2020-12-25（3）.
④ 魏小梅. 荷兰中小学生数字素养学习框架与实施路径 [J]. 比较教育研究，2020（12）：71-77.

络化智能化的交往格局在给人们带来巨大便利的同时，也使人们面临更多的困扰，网络诈骗、信息操控以及技术赋权对人的自由与发展等的深刻影响使很多国家开始重视数字公民的教育问题。荷兰初等教育和中等教育将数字素养及实践技能作为教育的重要内容，以期学生更好地参与当下和未来的（知识）社会①；德国中小学公民教育经历了一个从教育到成熟的一体化过程，它源于主体，基于自由、平等、正义和团结等基本民主价值观，当前德国中小学公民教育面临的主要挑战是包容性、参与性和数字化三方面②；"美国国家教育技术主管学会发布的《领航数字变革 2019：为所有学习者提供公平机会》聚焦于实现学生公平享有受教育机会的'强化国家领导、以学生为中心、提供专业化学习、完善基础条件'四个关键领域的国家和州数字化教育发展趋势与政策"③。数字科技的爆发式发展对公民的能力素养产生了革命性影响。欧盟在 2006 年提出数字胜任力的基础上，于 2013 年制定了欧盟公民数字胜任力框架 1.0，在经过连续两次修订后，于 2017 年正式发布了欧盟公民数字胜任力框架 2.1。与旧版相比，新版框架对胜任力域进行了拓展，修订了具体能力的名称，不再从知识、技能和态度方面描述具体能力，能力熟练度也划分成更详细的 8 个水平。新版框架体现了欧盟数字公民教育理念的转变，对解决复杂问题与培养创新创造能力的重视，对培养终身学习能力和合格数字公民的关注，以及对未来智能社会发展需求的前瞻，对我国建设学习型社会、构建全民终身学习

---

① 魏小梅. 荷兰中小学生数字素养学习框架与实施路径［J］. 比较教育研究，2020（12）：71-77.

② 刘路. 德国中小学公民教育的现状与挑战［J］. 思想政治课教学，2020（10）：88-92.

③ 赵文政，张立国. 美国数字化教育资源发展策略分析及启示［J］. 教学与管理，2020（22）：79-82.

体系和提升国民数字胜任力具有借鉴意义。① 可见，培养数字公民已成为网络化智能化社会的现实需求，并且成为国际社会普遍关注的问题。

四、政治参与对"积极公民"的时代呼唤

在尊崇民主与法治的现代社会，公民的政治参与对该国家的治理具有重要的政治意义，而在全球化的进程中，很多国家出现了对政治参与持冷漠态度的"消极公民"，因此，无论是国家治理还是全球治理，热衷于政治参与的"积极公民"已经成为一种时代呼唤。

（一）全球化进程中的政治参与冷漠

公民身份关系到国家和公民的关系，它对政治共同体的成员限定了一系列相应的义务，与此相对应地，政治共同体的成员也有着一系列权利上的预期。然而，在全球化、信息化时代，这一关系逐渐改变。在市场全球化和资本跨国漫游的背景下，民族国家经济功能的完整性被摧毁，国家控制能力相对弱化；在超国家的各种协定、政体、网络系统的包围下，传统国家机构的决策能力和行为能力也被削弱。在这个充满高科技通信交往、低廉运输成本和没有国界的自由贸易世界，似乎到处都是市场在统治。人们最为关注的话题已经转变为生产总值、经济增长、利率、经济前景等，对国家政治及公共事务的关注度远远不够，人们对公司的认同度和忠诚度在某些情况下远远高于对民族国家的忠诚度，对民族国家事务的参与精神与责任感日益消退，出现了公民的政治冷漠现象。

在20世纪的发展过程中，对于公民来说，运用好他或她的投票权已经普遍被认为是成为好公民身份的标志。但是，投票率往往是非常低的。例如，在美国，尽管在历史上对公民的各种权利强调非常多，但是，在1948

---

① 郑旭东，范小雨. 欧盟公民数字胜任力研究：基于三版欧盟公民数字胜任力框架的比较分析［J］. 比较教育研究，2020（6）：26-34.

年的总统选举中只有51%的投票率，在国会选举中只有48%的投票率。几个自由国家——如澳大利亚——也已经感觉到增强他们选举体制的可信性以及使公民对投票负有法律义务的必要性。这样一种立法表明，公民身份与其说是一种权利，还不如说是一种义务。① 由此导致当下各国都存在一个现象，一方面，人们对自己的权利分毫必争，主张权利的热情空前高涨；另一方面，人们对政治事务参与热情不高，显得十分冷漠。为了摆脱政治冷漠的困境，"西方开始以新自由主义精神来回归公民政治，力图通过公民复兴来进行拯救并重塑其公民教育模式"②。自由主义理论认为："人从本质上就是自己爱自己，愿意保存自己，设法使自己生存幸福，所以，利益或对于幸福的欲求就是人的一切行为的唯一动力。"③ "自由企业的守护神"亚当·斯密（Adam Smith）也说，人本性上就是自私自利的，人都会将利益最大化作为行为选择的指向标，全社会会因为每个个体利益最大化而实现利益的最大化及整体的繁荣。新自由主义经济学的理性预期学派也提出人是理性的，总在追求个人利益最大化。依此，公民教育的目标是培养适合于"小政府、大社会"的国家框架的维系，能够适应自由竞争社会环境的具备自我负责意识的公民。所以，新自由主义的兴起使得公民教育的目标进一步趋向"自我负责的消费者"，他们愿意消费政府提供的公共服务，享受权利、承担义务，却不愿成为国家和社会公共事业建设的参与者，对共同体的归属意识淡薄，不具有公共奉献精神和责任意识。因而，公民的行为选择基本上是基于个体利益衡量的判断，是利己主义的。政治参与的冷漠已经成为各国民主制度践行的重要阻滞因素。

---

① 德里克·希特. 公民身份：世界史、政治学与教育学中的公民理想 [M]. 郭台辉，余慧元，译. 长春：吉林出版集团有限责任公司，2010：144-145.
② 马长山. 公民性塑造：中国法治进程的关键要素 [J]. 社会科学研究，2008（1）：1-8.
③ 霍尔巴赫. 自然的体系：上卷 [M]. 北京：商务印书馆，1964：275.

（二）"积极公民"的时代呼唤

市场经济交往孕育出自由平等意识、理性意识、创新意识、市场道德和法律意识等，实现了个人的主体意识、自我意识的觉醒，促进了独立个人的形成。而市场经济的全球化发展加速了这一过程，人们对自我特性理解的角度在不断拓展，内容也日益丰富。这是一个逐渐发现自我、发现自我力量并产生自我认同的过程，完成了这一过程，人形成了在精神上不依附于母体的独立人格，不再是作为社会整体组成的部分而存在，而是作为有独立追求的个体而存在。因而，人将不再是没有反思的社会传统延续者或者权威安排的接受者，而是要通过自我选择、自我设计，过个性自由的生活。反映在公民权上，便是"人们已不再仅仅关注作为法定权利的公民权，而一致认为，公民权必须被理解为一种社会过程，通过这个过程，个体和社会群体介入了提出权利要求、扩展权利或丧失权利的现实进程"①。因此，民主法治成为政治过程中核心内容的当代国家，通过各种方式维护和扩展公民权利，使公民以国家治理主体的身份参与国家政治生活，参与法治运行——立法、执法、司法及法律监督——的全过程。这就亟须具有理性参与能力的"积极公民"的诞生，一方面，能够实现民族国家的良法善治；另一方面，通过积极的政治参与能够增强公民的国家制度和价值认同，进而提升本国在国际竞争中的综合实力。虽然从本质上讲，公民具有主张和维护权利的内在动力，但是，公民并不是天生就具有这样的能力，认知自己的权利，了解权利充分行使的方式和途径，掌握合法有效的维权手段和制度，都需要经过科学系统的教育，"积极公民"成为各国公民教育的新目标。

---

① 恩靳·伊辛，布雷恩·特纳.公民权研究：导论［C］//恩靳·伊辛，布雷恩·特纳.公民权研究手册.王小章，译.杭州：浙江人民出版社，2007：6.

第二节　既有公民教育模式的困境

世界各国的近现代化进程表明，公民素质在一定程度上决定着国家和民族现代化程度。为此，通过教育着力打造现代化公民，培育公民精神，塑造公民性品格，成为实现国家现代化的必要工作。全世界各国都在关注公民教育问题，形成了共和主义、自由主义、社群主义、多元文化主义等多种模式，然而，在全球化背景下，各种公民教育模式都暴露出"力不从心"之处。

一、共和主义公民教育模式的不足

共和主义是西方一种古老的政治传统，具有极为悠久的历史，其核心实质在于经人民的最终同意，政治权威才能够得以认定。古典共和主义以及后来的新共和主义成为共和主义思想理论基础的主要构成部分，包括自由共和主义和公民共和主义，前者"承继了古典共和主义精神，倡导法律和制度对公民个人权利和自由的保护；而后者则更强调爱国主义和公益精神"①。虽有理论上的分歧，但共同之处是都倡导"积极公民"观，都为改变西方的"消极公民"观做出了努力。

共和主义公民教育模式是遵循共和主义的基本理念，以共和主义公民理论为指导而构建起来的。其典型代表是法国和德国。

在法国，因为受法国大革命理念的影响，他们强调共和国的不可分割性。因而在公民教育上，认为国家有义务向公众传递国家的基本价值和社会的公共价值，而每个家庭也应该负起相应的公民教育义务，教导孩子尊

---

① 刘诚. 现代社会中的国家与公民［M］. 北京：法律出版社，2006：115.

重公共领域的价值。法国的公民教育立足于自由、平等、博爱和人权等价值的传播，主张公民对政治的积极参与，不承认任何群体性权利和政治地位，不管是基于身份的，还是基于族群或者利益的。在"法国当代教育立法的表达中可以清楚地发现，各个阶段共和国政府观点都建立在这样一种假设基础之上：社会正日益受到犹太人、少数民族或宗教团体等社群的威胁，且面临分裂的危险境地"①。这种趋势会破坏法国建立在人权和法律基础上的、统一的共和国。所以，与其教育目标相一致，法国采取的是高度组织化、制度化的公民教育方式，并且以人权和爱国主义为核心价值。在全球化经济发展背景下，大量移民涌入法国，但因为缺乏对多元社群认同的承认，引发了许多冲突和问题。

与法国相似，德国秉承共和主义也致力于公民教育，通过多元化的社会实践活动使得参与型公民教育得以实现。基于"国家主义"的需要，德国大力推行公办教育，公民通过教育获取知识，通过参与社会政治生活获取公民参与能力和经验，进而提高自身的公民素质。德国社会的公民教育"是社会通过社会权威机构、社会组织和群体有目的、有意识、系统地将现存社会体制所认可的价值观念以及公民行为规范灌输、传授给未来的社会成员，旨在传承公民文化，维系现存社会体系的过程"②。他们实施了以"能力"代替内容的教育计划，③ 并受到政治、宗教等连带因素的较大影响，其目标是强调培养公民在政策制定与民主进程中的参与意识与行动力，培养能够热心公共事务和政治生活的民主的积极公民。德国公民教育在全球化趋势中遇到的最大难题就是排外与种族主义的挑战，右翼势力经

---

① 檀传宝. 公民教育引论：国际经验、历史变迁与中国公民教育的选择 ［M］. 北京：人民出版社，2011：50.
② 王瑞荪. 比较思想政治教育学 ［M］. 北京：高等教育出版社，2001：77-81.
③ 曼弗雷德·富尔曼. 公民时代的欧洲教育典范 ［M］. 任革，译. 北京：人民出版社，2013：179.

常挑起暴力事件，近年来逆全球化的趋势明显，并且难民的大量迁入造成德国社会治安水平急剧下降，难民带来的一系列问题使得德国疲于应付，德国社会内部产生了严重的分歧，并呈现分裂的态势，所以，为了弥合社会的分裂、共同解决社会中的不稳定的问题，德国需要在公民教育中继续加强和解和宽容。

二、自由主义公民教育模式的难题

伴随着近代自由主义思想的产生，自由主义公民教育模式逐渐形成，它的历史虽不及共和主义更为悠久，但其影响甚为深远，时至今日依然为西方公民教育之主导。

自由主义公民教育模式是以自由主义为指导思想，其目的在于培养"权利公民"。在秉承自由主义思想的国家，无论是古典自由主义，还是新自由主义，都认为自由主义公民身份是以权利为核心要素的，公民身份是"以个人为出发点，以权利为核心，以自由为目的，强调价值多元和差异"①，并将公民身份与一系列的权利及其获得和占有相联系。鉴于自由主义公民身份的特征，其教育模式是以权利教育为核心，辅助以公民美德教育，目标是培养维护权利、追求自由最大化的消极公民。

美国是自由主义公民教育模式的典型代表。美国这个联邦国家建国的基础就是所谓"五月花号"契约精神，因而他们一以贯之地强调个人主义和自由精神。如美国宪法序言所述："我们合众国人民，为建立更完善的联邦，树立正义，保障国内安宁，提供共同防务，促进公共福利，并使我们自己和后代得享自由的幸福，特为美利坚合众国制定本宪法。""自由"是美国宪法的所谓核心价值观，秉承着天赋人权原则，它强调个体的权利是不需要任何法律来宣告或者赋予的，因为他们是个体当然享有的。《权

---

① 冯建军. 自由主义公民身份与公民教育［J］. 南京社会科学，2013（7）：114-122.

利法案》对公民权利的规定不是"列举"公民权利，而是以限制政府权力的方式宣示公民权利，而国家法律是不能禁止公民信教、言论、出版、集会、请愿等自由和权利，并认为公权力的边界止于个体权利。

正是基于个体权利对公权力限制的理念，古典自由主义公民教育观不主张由国家对公民进行公共教育，而主张一种私人化的公民教育。① 自亚当·斯密开始，就认为公民教育属于公民的私事，特别是儿童是以家庭教育为主的，父亲及家人承担着教育者的角色，通过言传身教将知识、道德、自然法则、法律等传授给孩子们。他们认为只要没有违反法律的强制性规则，公权力就不能干涉个人的生活，并且必须尊重其个人的价值选择，"除非在医院"，不接受任何被强加的价值观，完全自由选择自己的生活方式。因此，公民法治教育中更多的是强调个人"权利"的核心价值，并教育公民如何警惕和反对政府权力的扩张。20 世纪 80 年代，伴随着新自由主义思潮兴起，随之而来的就是在社会的方方面面得以贯彻和体现。在美国社会体现为民权运动唤起了公民意识的觉醒，追求个人权利、各行其是的公民们更多地采取政治参与来维护权力和利益，"导致大规模和非制度性的政治参与活动频繁发生，并严重影响到资本主义政治制度和社会的稳定"②。这种广泛的政治参与渗透到社会的方方面面，美国公民教育理念也在其影响下悄然转变，在公民教育方面，发生了从培养"消极公民"向培养"主动公民"转向，以往的教育模式也随之变化。公民的政治参与积极性高涨，理性参与意识越来越强，并将协商对话与合作供应作为解决社会问题的手段和桥梁。随着全球化的到来，国际交流日益频繁，美国公民教育更是在继承历史传统精神的同时，注重国际合作、更好地进行多元文化教育。法治教育中希望塑造公民人格，并以此为中心力图培育公民的

---

① 赵明玉. 自由主义公民教育思想探析 [J]. 外国教育研究，2007（3）：25-27，37.
② 杜海坤. 美国公民教育课程模式研究 [D]. 武汉：中国地质大学，2014.

责任感。在他们看来，"法制民主国家有一个共识：应教育公民理解并参与大多数人的规则、尊重少数群体的权利、关心公共利益、保护彼此的自由并限制政府的规模和管理范围"①。

不过，随着全球化的日益发展，人类命运共同体的构建也就成为未来的发展趋势。但是，作为引领几个时代世界发展的美国，由于自由主义思想自身的缺陷，美国社会在发展过程中弊端日现，公民教育也自然不能独善其身。特别是因为过分强调多样性，美国人共同的价值观和共性被取代，美国国家和国民的共同特性被不断破坏，因此需要"重新在自己的文化和宗教信仰中找到自己的国民身份和国家特性"②。"美国这种基于对个人主义、自由主义思想基础上的强调权利的消极意义上的普遍公民资格观的长期坚持"③，使得社会问题频发。既有的自由主义主导下的公民教育模式导致公民的素质不断背离时代的要求，公民精神的缺乏和公民性品格养成的内在缺陷性使得社会中公民缺少道德约束，社会责任感普遍缺失，人与人之间冷漠，同时更是对政治失去了兴趣，缺乏以往的参与热情。新自由主义的公民性将公民定位为自我负责的消费者，虽朝着培养积极公民方向做出了努力，但也引发了国家和公民之间关系的更多问题，"福利国家神话"受到质疑，社会不平等的现象仍然在蔓延。

三、社群主义公民教育模式的隐忧

社群主义是在对自由主义的批判和对共和主义的继承基础上产生的，社群主义公民身份的特点是立足于社群，社群优先于个人，社群和成员之

---

① 沃尔特·帕克. 美国小学社会与公民教育 [M]. 谢竹艳，译. 南京：江苏教育出版社，2006：63.
② 塞缪尔·亨廷顿. 我们是谁？美国国家特性面临的挑战 [M]. 程克雄，译. 北京：新华出版社，2005：4-19.
③ 孔锴. 美国公民教育模式研究 [M]. 北京：中国社会科学出版社，2013：174.

间的关系是一种公共关系、契约合作关系，不同于古典共和主义中公民与共同体之间的政治关系，而且政治共同体具有同质性，社群是多元统一的。① 社群主义反对自由主义主张的普遍正义，追寻具有特殊性的社群共同体的美德，追求公民的公共德行。

社群主义公民教育的目的在于培养"责任公民"，突出强调培养公民的共同体的利益观，认为共同体的利益优先于个人的利益。社群主义认为"'权利政治'应该被'共同利益的政治'所替代，或者，至少前者要受到后者的补充"②。因而社群主义公民教育以共同善为目标，致力于培养公民德行，"社群主义的公民教育除了要让公民对其所属的社群产生认同感和归属感外，最重要的任务便是培养社群生活所需的公民德行，以期恢复日趋衰弱的社群意识及公民对责任和义务的重视"③。20 世纪 90 年代的新社群主义公民教育更强调社会现实问题，并主张人们积极参与各种社群主义组织，推动社群主义运动。

社群主义公民教育模式的典型代表是加拿大。由于加拿大移民国家的特点，致使其十分需要文化融合和社区整合。因此，加拿大构建起社群主义公民教育模式，是在摒弃和排除个人至上主义价值观的基础上，强调公民应当秉承善优先于权利的理念，突出加强公民美德教育。"加拿大在推进公民教育方面主要经由政府、学校和社区通力合作，结合家庭和个体反思而展开。"④ 加拿大学校教育的主要目的在于在这个移民国家中培养公民的国家认同感和社会责任感，即通过公民教育培养公民积极参与、多元包容的"主动公民"即"责任公民"。而社区和家庭则在公民实践教育中养

---

① 冯建军. 社群主义公民身份与公民教育 [J]. 社会科学战线, 2013 (11)：202-209.
② 威尔·金里卡. 当代政治哲学：下 [M]. 刘莘, 译. 上海：上海三联书店, 2004：385.
③ 胡艳蓓. 当代西方公民教育思想述评 [J]. 国外社会科学, 2002 (4)：37-41.
④ 魏海苓. 从权利公民到责任公民：加拿大公民教育的价值演变与实践模式 [J]. 高教探索, 2015 (1)：59-64.

成社区观念、家庭观念，构建起公民参与社会服务、承担家庭与社会责任的实践平台。社群主义公民教育模式在教育理念上与自由主义公民教育模式不同，加拿大和美国虽然都对自由非常重视，但"加拿大注重个人自由与集团自由之间的协调，意味着公民可以选择自己成为什么样的人，并具有对复数对象的认同和爱"①。因此，社群主义理念和团体主义精神成为该种公民教育模式的基石。

从加拿大公民教育实践模式我们不难看到，其秉承的社群主义公民教育理论的问题在于其以培育共同的善——共同体的共同的善或者至高的善——为公民教育的目标，但到底什么是共同的善，这是个很难回答的问题，甚至被自由主义者批评为根本是不存在的。事实上，加拿大的公民教育也一直被诟病培养了好"人"却是失败的，主要就体现在其未能改变森然存在的、不同群体之间公民资源的差距及由此派生的参与程度差距。此外，加拿大国家层面公民性构建也不足，应该在重视"社群认同"的同时注意培养国家认同感和凝聚力。

四、多元主义公民教育模式的局限

曾经盛行于 20 世纪的多元主义认为社会发展到了一定的丰富程度，必然存在着多种观点和主张，他们存在的状态可以是和合的，也可以是多种意见分歧的共存。到了 20 世纪后期，全球化经济的发展，推动了移民大潮。"已经有相当多的流动人口，而且毫无疑问的是更多的移民，对于无论是国家还是世界场面上的社会公民身份都是大有好处的。"移民的大量涌入，民权运动也随之兴起，各移民驻在国的少数族群对其权利保护和文化认同的主张越加强烈，他们反对族群的同质化，强调族群的差异性

---

① 岭井明子. 全球化时代的公民教育：世界各国及国际组织的公民教育模式［M］. 姜英敏，译. 广州：广东教育出版社，2012：112.

和赋予"差异的族群权利",这些都有力推动了多元文化的兴起。① 随之而来的便是在那些为了弥补本国人口生育不足而大量引进移民的西方工业化国家,在多元文化的冲击下,曾强调"权利优先"并居于主导地位的自由主义公民身份理念受到强有力的挑战。在这样的背景下,西方国家或者转而采取强制或制裁的手段,或者积极地寻求更有创造性的方式去解决他们面对的民族主义复兴和文化上的困难。通过对自由主义公民身份普适性的批判,多元文化主义以差异公民身份为自身的主要诉求,"多元文化主义强调公民的差异性和多元文化身份,但不排斥公民的统一性和国家公民身份"②。

在公民教育上,多元主义公民教育以培养差异的多元文化公民身份为特点。新的民族是追寻新的民主的探索者,多元教育保留着取得这种新的、民主的、潜在的有效途径。这是因为多元主义的核心在于强调族群的文化认同,不仅包括自己所属的族群,还包括对其他所有基于民族或者利益而形成的族群文化的尊重、承认。事实上,多元主义公民教育主张族群文化和国家公民身份双重认同教育,二者并重。

多元主义公民教育的典型代表国家是澳大利亚。澳大利亚也是一个移民国家,在他的历史发展中,一直存在着不同移民文化之间的差异和冲突,现今,多元文化主义构成了他们的基本政治理念和核心价值观。他们主张在尊重共有价值的基础上,强调文化尊重和文化的多元主义。为满足社区秩序构建和社会结构,基于自身的社区、文化和社会结构需求,他们一直在探讨文化特性、社会公正特性及经济效率上的平等性和多样性。在澳大利亚,"政治体(polity)"用来指代国家,其核心文化是多元主义,

---

① 德里克·希特. 何谓公民身份 [M]. 郭忠华,译. 长春:吉林出版集团有限责任公司,2007:494。

② 冯建军. 多元文化主义公民身份与公民教育 [J]. 比较教育研究,2014 (1):43-49.

公民性也根基于此，他们试图在此基础上保持国家的统一。① 同时，国家将多元主义渗透于公民教育的方方面面。在教育理念上，认为合格的公民既要形成国家和社会的主流价值观，也要能够接受自己族群的文化和其他族群的文化。② 所以，澳大利亚政府将培养有知识、有见识、有能力和能够积极进行公民参与的公民作为主要公民教育目标，并且公民教育的内容也呈现多样化的特点。这些公民教育的目标，通过学校教育、社区教育、家庭教育和宗教教育，形成了更加注重多元文化、多种权利，强调政治性、统一性和多样性相结合，具有完整计划性的公民教育模式，"致力于帮助公民形成民主、平等的思想，以期望通过教育层面促进各民族的和平共处"③。

不过，澳大利亚毕竟是移民国家，其公民精神的养成和公民性品格的培育取决于公民教育的成功与否，更取决于移民自身的素质。"推进社会公民身份的希望实际上都寄托在这样地理上的流动性。但是随着移民的增加，宗教紧张的代价也似乎在增加，这是与文化差异的广泛性成比例增加的。"④ 就实质而言，多元主义公民教育模式的构建是西方民族运动在教育领域的反映。这种试图通过文化教育手段，锻造"主动公民"的方式无疑是"一把双刃剑"：在某种程度上民族问题与政治问题无疑会得到暂时的缓解，不过，也会因为过度强调多元主义而导致公民参与意识差，无法形成政治上的共识而产生种族主义、社会不平和国家权力异化等现象。

---

① 岭井明子. 全球化时代的公民教育：世界各国及国际组织的公民教育模式 [M]. 姜英敏，译. 广州：广东教育出版社，2012：97-98.

② 王文岚. 社会科课程中的公民教育研究 [M]. 北京：中国社会科学出版社，2006：52.

③ 王鉴. 西方国家的多元文化教育及其批判 [J]. 贵州民族研究，2004（3）：137-142.

④ 德里克·希特. 何谓公民身份 [M]. 郭忠华，译. 长春：吉林出版集团有限责任公司，2007：494.

五、伦理主义公民教育模式的迷茫

这里的伦理主义特指东亚及东南亚国家所秉承的"重视和引入儒家伦理思想，以国家认同价值观为基础，尊重多元文化的价值以及强调德治与法治的并重兼施"。

伦理主义公民教育模式典型代表是新加坡。与欧美国家提出的多元共存前提下的公民价值和态度教育不同，东亚及东南亚国家基于自身的历史基因、文化传统和现代性变革进程，往往会"把全球化视为欧美化的过程，于是纷纷提出基于传统价值的社会规范和意识形态，并将其作为公民教育的主要内容来力图抗衡全球化的影响"①。特别是在新加坡，他们十分注重"共同价值""家族价值"和儒家伦理，"从伦理上看是一种整体主义的价值观，从政治上看是一种威权主义价值观，强调秩序与服从、忠诚与责任，而不是重视个人权利"②。它在"寻找一种真正的儒家社群主义，作为促进人权的基础"③。"新加坡21世纪委员会"的宗旨就是要提高新加坡国民的爱国心，以探索构建统一的价值观和态度、行动，充分发挥公民的积极作用，整合新加坡社会，稳定其秩序，建成最宜居的幸福家园。

新加坡伦理主义的公民教育将儒家伦理赋予新的时代内涵并予以解读，将"忠孝仁爱，礼义廉耻"结合新加坡的现实作为公民教育的重要内容。强调国家利益的至上性，在个人利益与社会利益之间的关系上强调社会为先。新加坡构架起政府、学校、家庭、社会机构共同作用的伦理主义公民教育模式，"日益形成一个互相作用、不断协调的教育网络，都被利

---

① 岭井明子. 全球化时代的公民教育：世界各国及国际组织的公民教育模式［M］. 姜英敏，译. 广州：广东教育出版社，2012：4.

② 冯俊，龚群. 东西方公民道德研究［M］. 北京：中国人民大学出版社，2011：370.

③ 狄百瑞. 亚洲价值与人权：儒家社群主义的视角［M］. 尹钛，译. 北京：社会科学文献出版社，2012：143.

用来宣传自己的价值观和生活方式"。伦理主义公民教育模式特别强调家庭在社会中的基础细胞作用，强调种族与宗教的和平共处，以此来推动民族认同。新加坡推进共同价值观培育，体现了实用主义哲学的意蕴，并使新加坡短期内取得巨大成就。但是，道德发展理论和道德教育的缺失使新加坡的发展面临现代性迷失，也就是说，新加坡这种伦理主义教育模式因缺乏充足的思想指导和理论支撑而在"历史"与"现实"之间不断徘徊，在探索符合本国价值观的教育模式过程中表现出"盲人摸象"的迷茫。①

第三节　当今世界公民教育的趋势

为了应对全球化、信息化时代所带来的各种困境与挑战，各个国家都对公民教育给予必要的关注并进行了多种教育模式与路径的探索。各个国家由于遵循了不同的价值准则和理念，从而采取了不同的模式与路径，而每种模式与路径都具有一定的不足与缺陷，公民法治教育的价值、目标、路径等关键问题仍需要在理论和实践中进一步厘清。"既然出现了对当代社会公民权利义务的复杂性、多元性和动态的多种理解方式"，则"必须超越现存的公民教育准则，探索新的公民教育的途径"。② 基于对人的自由与权利的尊重与保护以及人类命运共同体和各个国家和谐共处的基本价值理念，当今世界公民教育的趋势必然是遵循公民内涵的普适性与特殊性并重、国家认同的统一性与族群的多样性兼顾以及爱国主义与世界主义兼容的基本原则和理念，并在此基础上不断完善与发展。

---

① 冯博. 新加坡共同价值观培育研究 [D]. 长春：东北师范大学，2019.
② 乔治·理查森，大卫·布莱兹. 质疑公民教育的准则 [M]. 郭洋生，邓海，译. 北京：教育科学出版社，2009：2.

一、公民内涵的普适性与特殊性并重

不同时代、不同国家对"公民"的基本内涵具有不同的理解，由此导致公民与国家关系的不同定位以及公民权利、义务和责任的不同理解。实际上，"公民"内涵并非确定不变的，而是既具有普适性的基本价值理念，也具有特殊性的基本属性。

（一）公民内涵的普适性与特殊性

公民内涵可以从普适性和特殊性两个角度进行理解，从普适性角度来看，"公民身份"这个概念在上述几种公民教育模式中分别具有不同的含义，作为政治上最核心的概念，可以说其在理论上一直争议最大。据《不列颠百科全书》记载，"公民资格指个人同国家之间的关系，这种关系是，个人应对国家保持忠诚，并因而享有受国家保护的权利。公民资格意味着伴随有责任的自由身份"[①]。公民身份首先是"公"民，这是与"私民"相对的，"所谓'私'在这里主要有两层意涵——一个是'私有'的'私'，另一个是'私人'的'私'。前者意味着人身依附，'私民'即'为别人所有的人'，其主要的形式是'臣民'；后者则是我们一直批评的信奉'各人自扫门前雪，莫管他人瓦上霜'的人"[②]。所以，第一，公民一定不是没有人格的"臣民"，而应该是人格独立、平等自由、具有权利意识的"公民"。第二，公民一定不是只懂得被动消极接受的、政治冷漠的人，而应该是具有参与热情和公共精神的"公民"。这也是为什么社群主义和共和主义批判自由主义的原因，过分的个人自由主张之下，产生了自私的个体的现象和趋势，这是与公民身份概念相背离的。

---

① 不列颠百科全书：国际中文版：第4卷［Z］. 北京：中国大百科全书出版社，1999：236.

② 檀传宝. 论"公民"概念的特殊性与普适性：兼论公民教育概念的基本内涵［J］. 教育研究，2010（5）：17-22.

从公民内涵的特殊性来看，公民身份是一个历史性的概念，在不同历史时期、不同历史背景下会有不同的诠释。从古希腊到17世纪，占主导地位的公民身份概念是共和主义，18—19世纪，取得支配地位的公民身份概念则是自由主义，而且直至今日，其影响力丝毫不减。有学者分析，封建与半封建社会的小农经济强调个人对于共同体的服从和忠诚，而资本主义社会则因为自由市场经济的发展而要求所有个体都能自由、平等地参与市场竞争。因此，18世纪以来共和主义公民身份被体现个人自由、个人平等、财产权利等为表现形式的自由主义公民身份所取代。① 从20世纪中后期开始，共和主义公民观复兴，形成了新共和主义思潮。除此之外，伴随着20世纪中后期的女权运动、环境运动等一系列社会运动，还出现了很多新的公民概念，如女性公民身份、环境公民身份等。如有学者所言，社会性质不断变化的过程，也是我们不断更新公民身份含义的过程。② 此外，公民身份的内涵还具有地域和文化上的差异性。如上文中讲到的，全球化背景下多重公民身份已经产生，但当下最主要的还是民族国家的公民身份，这也是公民相关权利获得保护的基础。不同国家对于公民身份取得的规定是不一样的，差别比较明显的如法国和德国，法国作为传统的自由主义国家，对公民身份的认定采取属地主义原则，即从法律、政治和领土意义上理解公民；德国相对比较保守，采取的是血统主义原则，即从种族、文化和遗传的立场认定公民。③ 所以，大量德国的移民后代无法取得公民身份，而法国则不同。总的来说，各个国家基于本国的历史传统和现实政治、经济发展的需要，对公民身份给予了不同的理解，这是公民内涵特殊

① 白莱恩·特纳. 公民身份与社会理论［M］. 郭忠华，译. 长春：吉林出版集团有限责任公司，2007：10-11.
② DELANTY G. Citizenship in a Global Age［M］. London：Open University Press，2000：xiii.
③ 檀传宝. 公民教育引论：国际经验、历史变迁与中国公民教育的选择［M］. 北京：人民出版社，2011：198.

性存在的重要原因。

（二）公民教育对不同公民内涵的包容与并重

对公民内涵的不同理解直接影响公民教育的目标定位，在当今世界，应该在公民内涵的普适性与特殊性之间寻求包容和共处，并在公民教育中体现对二者的同等重视。从公民教育的目标定位来看，不同国家、不同时代的公民内涵不同，导致公民教育的目标定位完全不同。而且，在当今世界，虽然法治成为被普遍认可的治国模式，然而，民主、民权和民族主义的信条本身都包含了各种各样的解释。在自由传统国家，往往认为公民教育能够推进民主法治的进程，而且，"许多评论家认为教育在矫正异常的二等公民身份中发挥着关键作用，并发表了各种评论——这种不利状况是否来自经济的、社会的还是种族的原因。人们感到，教育能够提升那些公民的受歧视地位，能够降低对公民的受歧视偏见"①，所以，将公民教育作为实现平等的重要手段。而在极权主义社会，教育的目的则是取消人的个性。墨索里尼在他给法西斯主义下的定义里，简洁地表达了这一目标："它想重塑的并不是人类生命的形式，而是生命的内容、人性、性格、信仰。为了达到这一目的，它要求纪律和权威，这样它就可以进入人的精神，并且会顺利地主宰精神。"② 极权主义公民教育的功能就在于完成"公民"和"非人"的二分法，这也成为他们学校教育的主要功能。

公民教育具有社会制度重建功能。社会变迁会影响公民概念的内涵和外延，而对公民概念的不同认定又会影响对公民教育功能及内容的认识。徐贲老师认为，在非民主国家里，国民的责任是单向自下而上的，个人必

---

① 德里克·希特. 公民身份：世界史、政治学与教育学中的公民理想［M］. 郭台辉，余慧元，译. 长春：吉林出版集团有限责任公司，2010：156.

② Mussolini, La Dottrina del Fascismo, 重版于 Oakeshott, Social and Political Doctrines of Contemporary Europe：168. 引自德里克·希特. 公民身份：世界史、政治学与教育学中的公民理想［M］. 郭台辉，余慧元，译. 长春：吉林出版集团有限责任公司，2010：302.

须无条件地对向他索取忠诚的国家、党、政府奉献他的服务。培养这种绝对服从的国民在教育本质上不是公民教育，是国民教育，它与公民教育一样，都产生了"维护和复制现有秩序、支持政府权威和引导民众遵守法纪的'再生'作用"。而"公民教育还能起到国民教育难以起到的'重建'作用"①。所谓的"重建"作用，是指通过公民教育使公民有能力对现有制度及秩序进行理性的审视、判断和批判，并在社会中形成新的价值认同，进而自下而上重构或者推动重构新的制度、秩序的能力。若要实现这一功能，公民教育就应该以"好公民"和"好政府"的真正内涵作为基本的教育内容。"好公民"理解"公"与"私"的关系，守法及其他社会责任的担当是建立在充分理解其背后制度原理及行为意义的基础上的理性选择；"好政府"以"权力制约"和"权利保护"为原则，创造民主参与的公民技能实践条件。在全球化的进程中，人类命运紧紧联系在一起，因此，公民教育应对不同公民内涵采取包容与并重的态度，求同存异，在不违反人类基本价值底线的前提下寻求共同的发展与进步。

二、国家认同的统一性与族群的多样性兼顾

关于国家和族群的关系，"原生论"者认为二者应该是族群认同更高，因为族群认同来自更为紧密的情感联系，这是由血缘或地缘联系起来的，族群成员共用同样的语言，具有相同的信仰等原生文化因素，因而国家认同必须以尊重族群认同为前提。持"场景论"者主张族群认同的多元性，认为人们会在不同类型的环境中转换语言和认同，因而二者并不矛盾，反而可以相互成就。还有的学者认为应该用国家认同同化族群认同。② 随着

---

① 徐贲. 统治与教育：从国民到公民 [M]. 北京：中央编译出版社，2016：9.
② 庞金友. 族群身份与国家认同：多元文化主义与自由主义的当代论争 [J]. 浙江社会科学，2007（4）：69-74.

全球性人口流动和移民、难民的增多，很多国家都面临着国家认同与族群认同的差异性问题，如果不能妥善处理二者的关系，则冲突和矛盾难以避免，严重的还可能导致分裂、战争。世界上处理二者关系曾出现过两种思路：一是熔炉模式，以美国为代表，致力于将族群和国家同质化。这一民族主义运动的主要目的是实现"主权在民"，但最后变成了"反对来自帝国主义和殖民主义外部压迫的独立建国斗争，国家主义原则在很大程度上取代并压倒了主权在民的理念"，"基于这一口号的民族主义运动在全世界范围内造就的，绝大多数都不是单一民族国家，而是多民族的现代国家"。① 因而国家和族群之间的问题并没有彻底解决。二是"色拉模式"，也称"马赛克模式"，特点是保护少数族群独立。上文中提及加拿大就用这一模式缓和了复杂的民族矛盾，促进了民族团结和社会的统一，但如何避免今后极端多元导致的社会碎片化是这一模式所必须面对的问题。② 笔者认为，在处理国家认同和族群认同问题时应该注意二者的平衡关系，使二者能够互相补益。这就要做到：

第一，借鉴多元主义公民教育思路，承认少数族群差异化，进行差异性平等意识的构建。多族群之间文化、利益的差异与冲突经过不断磨合、平衡与协调，最终得以共存，并形成多元主义公民观。因而，多元主义公民观的基本价值理念就是平等、尊重差异、包容和自由。这与西方社会中传统的自由主义公民观强调的普适性的同质价值观不同，它强调不同族群差异化之下的特殊权利及其平等性。当代的民主政治国家的法律往往是多数人制定的，代表的是多数人的利益和文化价值观，并没有完全照顾到族群之间的差异和文化多样性，因而对少数族群的平等和权利保护并不足

---

① 姚大力. 文化多元主义"设计师"眼中的全球民族关系问题 ［N］. 东方早报：上海书评，2016-12-04（3）.
② 周大鸣，申玲玲. 从"熔炉"到"马赛克"：加拿大的族群及族群政策 ［J］. 青海民族研究，2017（1）：32-39.

够。事实上，我们应该"保障每一个公民平等权利，而且为了承认和包容少数群体和团体的特殊认同和需求，还要赋予少数群体以差异的公民身份……根据其不同的文化身份而赋予其不同的权利"①。在公民教育上就要求，一是培育族群身份认同，教育公民认识到不同族群的差异，尤其是承认少数族群特殊性文化需求下产生的特殊权利，避免歧视和排挤，使其享受真正的、实质的平等权。二是强调培育公民在共同体内的平等观，这是一种包括人和人之间绝对平等和族群间差异性平等的平等观。人和人的绝对平等观主要针对族群内部成员之间的平等对待和尊重，这一平等观的形成可以避免族群内部成员间的权利倾轧。族群间差异平等观的形成则有利于少数族群的权利和利益被尊重和最终实现。

第二，坚持民主多数决原则下少数族群利益的保护意识。多数决原则就是我们说的"少数服从多数"，这是一种常见的民主实现方式，但绝不能简单在民主和多数决之间画上等号。因为民主的真意在于实现所有成员的共同意志，虽然这个共同意志常常体现为多数人的意志，但少数人的意愿和利益并非理所当然应该被忽视甚至剥夺。在多元文化背景下，族群间权利冲突时有发生，如果单一适用多数决原则，那么少数族群能做的只有服从和被剥夺了，这显然是违背民主的本意的。美国学者霍勒斯·卡伦（Horace Meyer Kallen）作为犹太裔，他是多元文化主义的代表人物，他指出："真正的民主应该使人自由保持族性，而不是消解人的族性。美国精神应该是'所有民族间的民主'（democracy of nationalities），而不是某个主要民族统治或支配其他（少数）民族，美国社会应该是'各族文化的联邦'。"② 因而，多元文化背景下的公民教育应该教导公民具有包容的态度

① 常士闇. 异中求和：当代西方多元文化主义政治思想研究 [M]. 北京：人民出版社，2009：344.
② 周少青. 多元文化主义视域下的少数民族权利问题 [J]. 民族研究，2012（1）：1-11，108.

和共享精神，认识到多数决原则下同样必须尊重和保护少数族群的权利，充分承认其无差别的自由和平等参与政治经济生活等公共活动的权利，这对真正实现民主法治的建设十分重要。

当然，在公民教育中追求族群权利差异及差异平等观念的培养是应该的，但也必须强调对国家统一性的认同。当然，这不意味着在公民教育中我们就要像法国和德国那些极端做法一样压制族群的特性，恰恰相反，应该在维护国家统一性和完整性的基础上充分承认族群的"差异"，"和而不同""求同存异"。

三、爱国主义与世界主义兼容

在全球化背景下，各个国家都在公民教育的理论与实践中进行着积极努力的探索，并试图在爱国主义与世界主义之间寻求兼容与有效衔接。

（一）爱国主义与世界主义兼容的必要与可能

爱国主义与世界主义兼容的必要性体现在人类命运共同体意识的形成，而爱国主义与世界主义兼容的可能性则在于人类文明的普遍标准和价值准则。

一方面，人类明确共同体使爱国主义与世界主义兼容成为必要。马克思在批判资本逻辑"虚假的共同体"基础上，提出构建"真正的共同体"主张。构建"真正的共同体"，即"人的自由全面发展"的"自由人联合体"，是唯物史观的价值旨归。① "这个世界，各国相互联系、相互依存的程度空前加深，人类生活在同一个地球村里，生活在历史和现实交汇的同一个时空里，越来越成为你中有我、我中有你的命运共同体。"② 人类命运

---

① 李包庚.中国共产党对马克思"真正的共同体"的百年探索实践与原创性贡献 [J].西南大学学报：社会科学版，2021（2）：1-11，227.
② 习近平.习近平谈治国理政：第一卷 [M].北京：外文出版社，2014：272.

共同体的"内涵逻辑是以马克思主义哲学的范畴体系所展现的关于个体的自由发展的逻辑。习近平'人类命运共同体'概念是以'人的本质是人的真正的共同体'为逻辑起点，以'人的自由而全面发展的本质力量'为实质内容，以'自由人联合体'为价值诉求"①，经济的发展和科技的进步在给人类带来巨大福祉的同时也给人类带来了巨大风险，"风险社会是一个设计巧妙的控制社会，它把针对现代化所造成的不安全因素而提出来的控制要求扩展到未来社会"②。风险社会已具有世界性，这不仅仅是个环境问题和单单涉及政治制度的环境问题，而是涉及安全与生存的制度化了的基本权利问题。③ 科技发展的风险、各种国际犯罪活动，尤其是当前新冠疫情在全球的肆虐更是让人类深刻认识到了人类命运共同体真实存在。因此，爱国主义和世界主义兼容是人类命运共同体意识形成的必然结论。

另一方面，人类文明的普遍标准和价值准则为爱国主义和世界主义兼容提供了可能。充分尊重人的个性发展，要求人和人之间拥有平等的权利，充分尊重每个人的独特权利和普遍权利。对权利和自由的维护是人类共同的价值准则，马克思说"全部人类历史的第一个前提无疑是有生命的个人的存在"④，因此，人是世界上唯一的主体。"人的发展，从本质上说就是确立人在世界中的主体地位，发挥人的主体作用。"⑤ 权利即代表着个人的利益，也代表着个人的自由和尊严，只有个人权利得到充分的保障，人的主体地位才能得以实现。这里的权利意识既包括对自己权利的认知，

① 李腾飞."人类命运共同体"的内涵逻辑及其价值诉求［J］. 太原理工大学学报：社会科学版，2021（1）：68-73，88.

② 乌尔里希·贝克. 关于风险社会的对话［C］. 路国林，译//薛晓源，周战超. 全球化与风险社会. 北京：社会科学文献出版社，2005：7。

③ 乌尔里希·贝克. 关于风险社会的对话［C］. 路国林，译//薛晓源，周战超. 全球化与风险社会. 北京：社会科学文献出版社，2005：14.

④ 马克思恩格斯选集：第1卷［M］. 北京：人民出版社，2012：146.

⑤ 秦树理，陈思坤，王晶，等. 西方公民学说史［M］. 北京：人民出版社，2012：451.

也包括维护自己权利的能力，还包括尊重他人权利的意识。不能仅从"私"领域理解权利，权利不仅意味着主体的利益，还意味着在公领域一个人的独立地位给予他人的平等关系。同时，自由也是人类共同的价值追求，当然，自由不是不受限制的自由，而是法律之内的自由，是除法律外，个人不受任何约束和支配的自由状态。人与社会的和谐发展也是人类的普遍诉求。个人是社会存在的前提，个人全面发展必须在社会实践中才能实现，人的全面发展包括公共精神和参与技能的发展。"从人类社会、人类生活的基本文明底线入手，共同坚持一种人性的操守，就成为我们共同存在的必然要求。"①

（二）公民教育在兼容爱国主义和世界主义中的使命

在当今世界，民族国家是国际交往的重要主体，同时，民族国家因拥有主权而享有对内和对外事务的最高权力。对于公民个人来讲，民族国家是公民权利保护的强有力主体，是公民情感归属的重要对象，任何一个公民，失去国家的保护，其政治、经济以及文化权利等则无从谈起。所以，公民对国家合法性和正当性的认同是公民权得以实现的前提条件，爱国主义教育是使公民认同国家，进而行使各种权利的重要途径。"在经济全球化和逆全球化双重潮流和趋势激烈冲撞的关头，关于国家、国家意识和国家边界的问题越来越凸显，关于国家的政治认同、文化认同和价值认同所呈现的紧迫性、重要性和复杂性超过以往任何时候。无论是哪个层面的认同，都汇聚于爱国主义。"② 当然不能以爱国主义之名而行侵略他国和进行殖民之实，也不能基于狭隘的爱国主义而影响世界各国和谐共处的原则。例如，英国人以公投的方式脱欧，美国推行移民限制措施和贸易保护政策

---

① 王啸. 论全球化时代中国公民教育的定位［J］. 全球教育展望，2010（8）：24-29，14.

② 吴俊. 爱国何以是一种公民美德［J］. 哲学研究，2019（10）：20-29，127.

以及民粹主义的泛滥，都与世界主义发生严重的冲突。

"'世界公民教育'是一种使得国家中的公民具有世界公民意识、掌握世界公民行动能力、肩负世界公民职责的教育。"① 这意味着改变了传统公民教育中单一强调民族国家培养国家意识的诉求，提出了在公民教育中普世性与多样性兼顾的新课题。在公民教育中，应该使公民从世界视野和角度理解公民的权利、义务和责任，通过对国内法和国际法及其精神的教育，让公民认识到世界公民具有与在国内法律上权利、义务和责任相同的世界权利、义务和责任，并进一步形成全球意识，成为国家履行国际义务和责任的有力助推力量。同时，也要使公民在理解世界共同价值和利益的同时，形成包容共存的意识，更深入地认识到不能以共同价值取代民族、国家价值，唯有如此才能实现全球的共同发展。所以，公民法治教育也应该跳出民族国家的限制，放眼全球，培养具有世界意识和世界视野的公民。这就要求我们以全球化作为视角和分析方法，以人类的本质为出发点进行思考。也就是说，凡是符合有利于全人类解放和全面发展的都是可以作为普遍标准的，"国际经验特别是战后第三世界一些国家的政治进程也表明，民主是复杂而艰辛的过程，不考虑民主、效率、秩序的协调，不兼顾政治与经济的互动，民主进程不会一帆风顺"②，因此，在应对全球危机的过程中，各个国家之间基于民主原则所进行的合作就显得尤为必要。"我们的私人生活也好，公共生活也罢，一般说来，追求单一的主流价值，无论代价是什么，都会导致片面性的后果（用军事术语来说，就是附带性损害［collateral damage］），这是我们不应忽略的，也很少有

---

① 刘存宝，张伟．文化冲突与理念弥合："一带一路"背景下新型世界公民教育刍议［J］．清华大学教育研究，2018（8）：56-63．

② 张树华．过渡时期的俄罗斯社会［M］．北京：新华出版社，2001：65．

人能接受。"① 既然人类面临共同的风险使各个国家同命运，那么就应该秉持人类的普遍价值准则寻求最大程度的共识，即爱国主义与世界主义的兼容共存。

综上所述，爱国主义教育能够增强公民的国家认同感，增强民族的凝聚力，为民族国家提高国际地位奠定坚实的主体性基础；世界主义教育则是培养具有全球视野的公民，为民族国家融入全球化进程提供基础条件。所以，在全球化进程中，爱国主义与世界主义兼容是各民族国家公民教育的关键内容，也是构建人类命运共同体，以共担各种社会风险和自然风险的核心内容。

本章小结

经济与信息的全球化对各国公民教育提出了挑战：一是经济的全球化使人类面临越来越多共同的问题与风险，导致形成世界公民意识，而世界公民意识对民族国家观念则造成了一定的冲击；二是经济的全球化使跨国公司和企业的商业文化不断被公司员工所认同，由此引发了对民族国家文化的冲击，而且，多重公民身份的形成则进一步对民族国家认同造成了挑战，由此引发多元文化在融合与冲突中的认同危机；三是网络化智能化导致虚拟与现实双重空间的社会变革，并由此出现对数字公民培养的现实需求；四是政治的冷漠严重影响了主权国家的法治实践，从而使"积极公民"的培养成为时代的呼唤。全球化过程中的各种变革促使各个主权国家在公民教育方面进行了不断的探索，并出现了自由主义公民教育模式、共

---

① 威廉·A.盖尔斯敦.自由多元主义［M］.佟德志，庞金友，译.南京：江苏人民出版社，2005：169.

和主义公民教育模式、社群主义公民教育模式、多元主义公民教育模式以及伦理主义公民教育模式的不同尝试，但是，每种公民教育理念与模式都存在一定的局限与困境。在当今世界，基于全球化的发展趋势以及人类命运共同体建构和谐国际秩序的现实需求，公民教育的趋势应该是公民内涵的普遍性与特殊性并重、国家认同的统一性与族群的多样性兼顾以及爱国主义与世界主义兼容，从而使公民教育发挥培养既具有民族国家情怀，又具有全球视野的合格公民的重要功能，进而推动世界和谐秩序的建构。

第二章

新中国"人民性"的定位与公民法治教育的当下转向

源于西方的现代"公民",既被赋予了政治和法律意义上的身份,更被赋予了相应的权利资格,同时也代表了一种价值精神。因此,通过政育、德育和法育等塑造公民性是世界各国公民教育的主要方式,不过,他们更注重法育(法律和法治教育)和德育,以此养成公民德行和法治素养,使之能够自如应对现代生活中的民主与法治要求。我国在历经了"臣民性"的培育、国民性的改造、人民性的定位与塑造之后,直到改革开放才真正使用现代"公民"的概念,并探索公民性品格塑造的适当机制和模式,所以我国通过法治教育塑造公民性品格的探索历史进程十分艰辛曲折。

第一节　新中国政治语境中"人民性"的定位与塑造

中华人民共和国成立以后,为了彻底摆脱封建主义和资本主义的束缚,真正实现"一切权力属于人民",使人民成为社会主义国家的主人,塑造"人民性"成为新中国成立初期国家最为主要的任务。

一、人民的含义

"中国共产党领导的新民主主义革命之所以能够成功，得益于以'人民'为主体的政治思想的成功构建和传播。"① 早在 1949 年新中国成立前夕，董必武同志便在全国政协一次会议上对"中华人民共和国"国号中的"人民"一词进行了深入的解释，将其归结为阶级属性，即人民包括"工、农、小资产阶级和民族资产阶级"的人。这是官方首次对"人民"一词进行正式探讨。在本次会议上，周恩来同志也对"人民"与"国民"的概念进行了不同的区分，认为"'人民'与'国民'是有分别的"② "国民"的范围要大，既包括"人民"，也包括那些尚未改造成"新人"的被打倒的官僚资产阶级和地主阶级。人民民主专政要求"人民"以外的"国民"必须遵守国民的义务却不能享受人民的权利。在《中国人民政治协商会议共同纲领》（以下简称《共同纲领》）中，更是将具有阶级属性的政治概念"人民"替代了法律上的概念"公民"，即赋权于"公民"成为赋权于"人民"，如"第四条　中华人民共和国人民依法有选举权和被选举权""第五条　中华人民共和国人民有思想、言论、出版、集会、结社、通讯、人身、居住、迁徙、宗教信仰及示威游行的自由权"。社会主义改造完成后，毛泽东同志将"人民"的范围扩展到一切赞成、拥护和参加社会主义建设事业的阶级、阶层和社会集团。③

在五四宪法制定过程中，李维汉阐述道："宪法中的公民，包括所有有中国国籍的人在内。"刘少奇认为，"这里的公民包括过去的所谓'人

① 侯竹青. 中国共产党对"人民"概念的构建与意义形塑：1921—1949［J］. 湖北大学学报（哲学社会科学版），2020（6）：81-89.
② 周恩来. 周恩来选集：上卷［M］. 北京：人民出版社，1984：369. 也可参见王培英. 中国宪法文献通编［M］. 北京：中国民主法制出版社，2007：276.
③ 毛泽东. 毛泽东选集：第 5 卷［M］. 北京：人民出版社，1977：364.

民'和'国民'在内。地主阶级分子也是公民，不过是被剥夺了政治权利的公民。如果只写人民，就不能包括'国民'那一部分人了"①。同时，在五四宪法起草过程中，也对"人民"和"公民"的概念进行了界分，认为"人民是个集合体，是政治概念，指各民主阶级"，"公民是个体，是法律概念，表明法律上的地位"。②

二、政治语境中"人民性"的定位

在《共同纲领》中，政治取向明显强于法律取向，这是因为，中国历经的革命和解放，其主要任务在于要打破旧的、反动的秩序，临时的政治性更为强烈的"法律"更符合特殊的历史背景的需求，便在此基础上建立新的革命秩序。但是中华人民共和国成立后，新的秩序在此基础上已经建立起来，保护和巩固新秩序成为主要需求，临时的纲领性的"法律"不再适应形势，必须要有"完备的法制"。③ 五四宪法作为基本法，从法律角度使用了公民概念，在理论上赋予"公民"法律意义上的概念，并试图在实践中加以践行。

新中国成立初期，公民的品格性培养还只停留在认识的基础上。而在公民教育过程中，占主导地位的是社会主义政育理念，表现为"政治教育代替公民教育，公民教育暂时沉寂的特征"④。特别是在"文革"中，公民教育被彻底废弃和摧毁，社会也随即陷于严重混乱。

---

① 许崇德. 中华人民共和国宪法史 [M]. 福州：福建人民出版社，2005：124.
② 许崇德. 中华人民共和国宪法史 [M]. 福州：福建人民出版社，2005：132-133.
③ 刘少奇. 刘少奇选集：下卷 [M]. 北京：人民出版社，1981：53.
④ 张宁娟. 建国以来我国公民教育的发展脉络 [J]. 思想理论教育，2010（5）：39-44.

三、"政育"为先的"人民性"塑造

新中国成立初期的"人民性"塑造，即吸收借鉴"臣民性"养成和"国民性"塑造的合理内涵和可取内容，但又与之绝非一脉相承。在新中国成立之初，将人民纳入统治者的范畴既是中国共产党的一贯宗旨，也是必须的和必要的。但是囿于当时人民的主体意识不强，文盲众多，学校教育程度极低等条件的限制，在人民性塑造上，"政育"为先成为其首要特征。而这种"政育"首先是通过政治运动发动人民群众的方式实现的，学校教育和社会法治教育处于附属地位。

（一）政治运动与"人民性"塑造

通过政治运动进行"人民性"塑造，就是在响亮的政治口号的鼓舞下，广泛动员人民群众参与社会运动，以极大的力度解决社会中存在的较为突出的政治、经济和文化等领域的问题，以期使人民群众在运动中成长，真正成为国家的主人。

在新中国成立初期，如何塑造与全新的社会主义制度相契合的人民，成为党和国家领导人最为关注的事情。而政治运动这种方式在革命战争年代取得的效果是其他方式不可比拟的，在没有更新的、更为实用的方法之前，政治运动便成为新中国成立初期教育人民、使其成长的最佳方法。新中国成立后，全国性、地方性或部门性范围的政治运动不断涌现，[①] 这里所说的政治运动主要是由国家发动的，包括了国家中央和地方各级部门以实现各种经济的、政治的和社会的任务为目标所发起和组织的运动。这里既包括了激发全国人民爱国热情的抗美援朝的运动，又包括了具有政治性质的"镇压反革命""反右""文革"等运动，也包括了具有经济性质的

---

① 冯仕政.中国国家运动的形成与变异：基于政体的整体性解释［J］.开放时代，2011（1）：73-97.

"土地改革运动""五反"等社会运动，同时还包括了具有社会性质的"爱国卫生运动""知青上山下乡运动""扫盲运动"，等等。这些政治运动，既成为新中国的一种社会治理方式，也成为教育人民、发动群众参与国家治理的一种社会实践方式。这种塑造"人民"成为国家主体的社会运动，具有"非制度化、非常规化和非专业化"① 等基本特征。

这些政治运动凸显出了政治性站位，并对中国社会的各个层面都产生了深刻的影响。归根结底还是国家想通过社会运动达到教育人民、改造人民的目标，以真正实现人民民主，建成繁荣幸福的社会主义社会。采取社会运动的方式塑造人民性，是期望通过发动群众，真正调动人民群众建设社会主义国家的热情，形成主人翁意识和社会责任感。由于是在国家主导下进行的，自然就体现出高度依赖国家强制性的特征，虽然能够满足一时之需，但是缺乏稳定的制度基础，不存在有效的人民性塑造的机制和体制，弊端明显，最终导致群众不理解高层领导的意思，而高层领导也缺乏对社会主义建设的真正认识，往往"头痛医头、脚痛医脚"，容易违背法治原则，危害个人权利，最终当然无法实现公民性塑造的目标，更不用说法治教育了。

（二）社会教育、法治教育与"人民性"塑造

政治化的人民性塑造，其手段之一在于发展教育。与运动式人民性塑造不同，常规教育，特别是基础教育和高等教育成为新中国成立初期人民塑造的主要手段。新中国教育在借鉴苏联的教育教学经验的基础上，历经了接管、振兴和发展等阶段，同时"独立探索中国教育发展道路，设想以多种形式让全国青少年能享受普及教育与高等教育"②。

---

① 冯仕政. 中国国家运动的形成与变异：基于政体的整体性解释［J］. 开放时代，2011（1）：73-97.

② 胡为雄. 建国后毛泽东教育思想的发展与演化［J］. 毛泽东邓小平理论研究，2018（3）：86-94，108.

新中国成立初期的教育是基于人民的政治属性和阶级属性展开的，所以无论是解决文盲问题的扫盲教育，还是属于基础教育的中小学教育，也包括高等教育、脱产与业余教育，都以人民性塑造为主线。毛泽东指出："我们的教育方针，应该使受教育者在德育、智育、体育几方面都得到发展，成为有社会主义觉悟、有文化的劳动者。"① 所以，新中国教育的各种教育教学形式中的学制与课程设置、考试与教学方法、教师的调配与培养中都对人民性加以强化和体现。针对旧中国积贫积弱文盲程度极高的历史因素，还有新中国成立之初办学条件有限的现实国情，我国采取了普及与提高教育的方式：一方面，减少文盲的数量，提高其文化程度，使之成为能适应社会主义生产生活需要的劳动者；另一方面，通过扫盲教育提高其社会主义政治觉悟，使之成为人民的一分子。

在学校教育中，新中国强调"受教育者的德育、智育、体育的全方面发展"。这里的德育，主要是通过思想政治品德教育来实现其人民性。在教育中突出"以人民为中心"，以期通过教育体现和加强人民群众的主体地位，并在社会主义建设事业中激发人民群众的主人翁精神。毛泽东强调，"中学应该有政治课，政治课要联系实际，要使中学生知道一些为人处世的道理，社会发展观、阶级斗争也要讲"②。其后，《中共中央国务院关于教育工作的指示》总结了新中国教育发展成果："高等学校、中等学校和小学的在校学生都增加了几倍；扫盲运动和业余的文化技术教育有了很大的发展；在学校中开始普遍地实行了勤工俭学。"③ 肯定了思想政治教育对学生的人民性教育所取得的成就："在学校中开设了马克思列宁主义的课程；在教师和学生中进行了思想改造……在教育工作者的队伍中建立

---

① 毛泽东. 关于正确处理人民内部矛盾的问题 [N]. 人民日报，1957-06-19 (1).
② 中共中央文献研究室. 毛泽东年谱：1949—1967：第3卷 [M]. 北京：中央文献出版社，2013：94.
③ 中共中央国务院关于教育工作的指示 [N]. 人民日报，1958-09-20 (1).

了党的组织；为社会主义建设培养了大量的干部。"①《中共中央国务院关于教育工作的指示》在总结历史成就的基础上，也对后续人民性的思想政治教育提出了新要求，"在一切学校中，必须进行马克思列宁主义的政治教育和思想教育，培养教师和学生的工人阶级的阶级观点，群众观点和集体观点，劳动观点即脑力劳动与体力劳动结合的观点，辩证唯物主义的观点"②。

在重视思想政治品德教育的同时，法律作为阶级斗争的工具，法学教育也成为新中国高校教育的重要组成成分。新中国成立伊始，为了巩固人民共和国政权，发展新民主主义经济，相应的法治建设也如火如荼地开展：废除伪法统，颁行新法制成为这一时期法制建设的主题工作。不过，此时的高校非法学专业并没有开设专门的法治教育类相关课程，至多是在公共政治课程，如"辩证唯物论和历史唯物论"这样的课程当中零星夹杂着些许的法治教育的内容。此外，作为社会精英的高校学生也有机会通过社会生活完成法学教育实践，如1950年颁行的《中华人民共和国土地改革法》和1954年颁布的《中华人民共和国宪法》等的全民讨论，特别是对宪法"全民讨论进行了将近3个月，参加讨论的人有1.5亿多人，而当时全国人口是5亿人"。通过深入细致的讨论，大学生亲身感受和参与法制实践，使得社会主义法律制度初步得以普及，大学生中得到初步的法治精神启蒙。在法学专业建设方面，我国采取了苏联模式，即以法学专科教育为主导，通过设立专门的政法类院校作为法学教育的主要方式。从1952年院系调整形成的政法"三院十系"到1966年前的"四院四系"格局。在招生上，逐步走向了"严格招生的政治条件，将政法类专业列为机密专业招生"③。不过，新中国成立初期，对法律的认识停留在"专政工具"

---

① 中共中央国务院关于教育工作的指示［N］．人民日报，1958-09-20（1）．
② 中共中央国务院关于教育工作的指示［N］．人民日报，1958-09-20（1）．
③ 易继明．中国法学教育的三次转型［J］．环球法律评论，2011（3）：33-48．

的层面，所以无论是高校的法学专业还是非法学专业的教育，都具有浓重的政权解释理论的色彩，而从属于"政法理论"。特别是在"反右"运动之后，国家法制随着"法律知识的专业性不再被强调"而遭到破坏，非法律专业性的党的政策替代了法治建设，"文革"期间，受极"左"思想的影响和政治挂帅的左右，法治建设受到严重冲击，在高校教学中以及社会上充斥着轻视法治的思想，原本并不深厚的大学生的法治思想、法治理念也随着"文革"的深入而遭到严重破坏，"令以建构社会主义法学教育为起点，最终却陷入法律及其教育的虚无主义"①。在此期间高校甚至停招四年，给正常的人民教育带来不可估量的影响。

此外，与社会主义"政育"相适应社会主义制度对人民性塑造也起到了重要作用。新中国效仿苏联社会主义模式，通过没收和和平赎买等方式建立起社会主义公有制经济，在农村兴办人民公社，建立集体经济，城市里的单位制和居委会、农村的人民公社成为人民的重要组织方式。原来的企业和农村公社的职能由经济领域转变为代行国家权力的行政单位，从而使"个人板结、固化于单位体制之中，成为行政化中的一分子"②。人民被禁锢到"全能型国家"与"总体性社会"的单位之中。

第二节　立足公民品格的法育转向与法治中国建设

一、改革开放以来普法规划中的守法教育

中国的改革开放始于 20 世纪 70 年代末，这场前所未有的社会变革引

---

① 易继明. 中国法学教育的三次转型［J］. 环球法律评论，2011（3）：33-48.
② 孔令秋. 俄罗斯非政府组织的"民间治理"与转型秩序重建［D］. 上海：华东政法大学，2015.

发了中国社会全方位的变化。经济的蓬勃发展带动了社会转型的加速发展，国家社会的逐渐分离为社会成员公民性品格的形成带来了更大的契机。被宪法赋予了公民身份的社会成员权利意识逐渐增强，利益主张更为强烈，自然公民精神也逐渐随之增长。改革开放后的国家也更加开明，更愿意通过德育、政教以及法育（普法）来应对伴随着时代变革而带来的公民身份意识觉醒和社会价值的多元化，为了加强公民教育，仅党和国家层面就颁布了上百个文件。不过德育、政教以及法育（普法）之间的区分还是很明显的。

就德育而言，培养"四有"公民成为提高全民族素质的主要目标和关键内容。蕴含理想、道德和纪律的公民精神的养成成为社会主义精神文明建设的重要衡量指标。① 而在政育方面，旨在"培养又红又专、德才兼备、全面发展的中国特色社会主义合格建设者和可靠接班人"②，使其成为新时期和新时代中国特色社会主义建设的主力军。政育主要目的在于实现政治使命，所以兼或关涉道德和法治内容。在法育方面，培养"合格公民""守法公民"是其总体目标，具体是通过普法教育而实现的。最初的普法规划，旨在普及基本法律常识，使人们对公民以及社会生活的认识从政治视角转向法律视角，主要通过对法律的普及和宣传来实现，这一时段历经了从"一五"到"三五"普法规划时期。经过全社会共同的普法努力，普法目标成为"努力实现由提高全民法律意识向提高全民法律素质的转变"。普法教育的目标从"六五"普法开始，由法制教育转向法治教育，在注重全民法治素养提升的同时，更为注重青少年社会主义法治理念的树立和法

---

① 1988 年 8 月 20 日国家教委发布《中学德育大纲（试行）》，1995 年 2 月 27 日正式颁行，其目标是培养"四有"社会主义公民，我国社会主义民主政治制度和公民权利与义务的教育；2001 年 9 月 20 日中央发布《公民道德建设实施纲要》，旨在加强公民道德建设，培养有理想、有道德、有文化、有纪律的"四有"社会主义公民。

② 中共中央国务院印发《关于加强和改进新形势下高校思想政治工作的意见》［N］.人民日报，2017-02-28（1）.

治意识的养成问题，要求青少年应当将遵纪守法作为自己的行为习惯。①
在 2016 年到 2020 年的"七五"普法规划期间，更是加大了普法教育的力
度，以领导干部和青少年作为法治宣传教育的主要群体，以便更好地在全
社会树立社会主义法治理念，建设社会主义法治文化。"八五"普法规划
中重点对象是作为"关键少数"的领导干部以及"从娃娃抓起"进行法治
教育。

从以上三者之间的区分我们不难看出，德育的目标在于公民品德的培
养，政育的目标在于公民政治信仰的确立，而法育则更注重公民法律素质
和守法意识的养成。毫无疑问，这三方面的公民教育在不同时期都起到了
明显的成效，达到了预期的培养目的。② 当然，这些举措不可避免地存在
着时代印记和时代的局限性，特别是专注于公民法治素养提高的普法教
育，由于是在国家主导下展开的，其行政色彩浓重就不可避免，而宣教的
成分也多，所以，其核心仍是一种守法教育，这样就使得公民性品格的养
成效果大打折扣，也没有达到预期的理想设计，更没能满足建设中国特色
社会主义法治社会的要求。第一，公民教育的结构性失衡。纵观我国的公
民教育的各个发展阶段，总体上是采用以德育为基础地位，以政育为主导
地位的"德育—政育—法育"的三元构架模式，该模式中法育处于附属地
位。这样的三元构架很难实现平衡运行，结构性的失衡导致公民教育很难

---

① 中央宣传部、司法部关于在公民中开展法制宣传教育的第六个五年规划：2011-
2015 年［A/OL］. 中国普法创新网，2011-06-07.
② 据官方统计，"六五"普法 5 年来，全国已创办普法网站 3700 多个，普法官方微
博、微信 2600 多个，定期组织法治动漫微电影作品征集展播、知识竞赛等活动，每
年参与人数超过 1 亿人次。各地的普法工作围绕宪法和中国特色社会主义法律体系
展开，围绕党和国家重大部署、重要活动展开，送法律进机关、进乡村、进社区、
进学校、进企业、进单位，让全民法律素养得到有效提高。参见白阳. 用法治之光
点亮中国梦的伟大征程：我国"六五"普法成果综述［EB/OL］. 新华网，2016-
04-27.

合拍于新时代"全面依法治国"建设实践的高标准严要求，更难于有效回应全面依法治国和提高公民法治素养等战略要求。第二，真正的法治教育绝不仅限于以普法为核心的法制教育，其内涵和外延更为广阔。既有的法治教育有如下弊端：一是以守法教育为核心，这样就将公民性品格中的权利意识培养忽略掉了；二是更为注重有形的外在的法条与法律知识的宣传，而对于内在的法律价值和法治精神却不能有效倡导。第三，现有的法治教育缺乏系统化、体系化，碎片化、即时性、应景性成为其常态。在现有的法治教育体系中从专注于青少年法治教育的"道德与法治"课程，到面向全社会普法规划中法治知识的宣教内容，都不同程度地存在着法律知识陈旧、知识性错误频发、所给出的法律知识也没有系统并合逻辑印证法治观念等问题。

随着法治国家、法治政府和法治社会的一体化建设，法治政府将原本属于公民的权利迅速释放出来，回归社会，但是法治教育的不足，使得公民无法有效保护和利用自己的权利。公民保护自身利益和权利的诉求无法通过正常的法治教育加以引导，所以有时会借助网络舆论、申诉上访等非法治手段来声张、表达自身的权利诉求。这种境况与依法治国、建设法治国家出现严重背离。

二、立足公民品格的当下法育转向与法治中国建设

纵观世界各国，公民教育的目的都在于树立政府权威、维护既有秩序体系和引导公众遵守法纪。时至今日，进入新时代的中国发展日新月异，随着"全面推进依法治国"方略的全面展开，使得"中国在今天也不再只是发布自上而下的命令。国家更多的是鼓励人们自觉实现和谐社会"①。而

---

① 托马斯·海贝勒，君特·舒耕德. 从群众到公民：中国的政治参与 [M]. 张文红，译. 北京：中央编译出版社，2009：219.

这种和谐社会的自觉实现，就需要彻底转变"德育—政育—法育"三元构架中法育的弱势地位，通过改变公民教育中以法制教育取代法治教育的积弊，采取和探索完全适合于新时代法治国家、法治政府和法治社会建设的公民法治教育模式已经成为时代的使命。

为了实现"增强全民法治观念，推进法治社会建设"，必须"把法治教育纳入国民教育体系"。为此，法治教育"从娃娃抓起"也就成为新时代塑造公民性品格的必然要求。随着《大纲》的出台，国家层面的公民法治教育和法治启蒙工程已经拉开了帷幕。《大纲》的重心是"加快完成法治教育从一般的普法活动到学校教育的重要内容，从传授法律知识到培育法治观念、法律意识的转变"，其目的在于"培养社会主义合格公民"。此后，随着全面推进依法治国方略的深入实施，"建设社会主义法治文化，树立宪法法律至上、法律面前人人平等的法治理念"。为此，既往的"法制教育"被"法治教育"代替，并通过一系列重大变革和转向加以调整，公民"法育"又上新台阶。具体而言：一是在强调《大纲》的要求和部署，在"德育—政育—法育"三元构架平衡的基础上，突出法育的地位和作用，通过提高公民的法治素养和弘扬法治精神来塑造新时代的公民性品格，为法治国家建设提供内源动力；二是纠错并改变既有的用法制教育取代法治教育的方法，通过本源回归的方式使法制教育转向法治教育，并以此为契机，塑造出新时代的全新公民法治教育新理路；三是确认新时代法律意义上的"公民身份"，摒弃原有采取的"人民""主人"等抽象的身份，通过法育提升公民理性自主精神和自治能力。唯有如此，公民精神才能够得以彰显，公民性品格才能得以培育，公民才能具有法律担当，具有公共精神，勇于承担社会责任，使民主与法治成为其生活的必需。中国法治教育真正起步于新时代，实践中应该"形成完整的制度程序和参与实践，保证人民在日常政治生活中有广泛持续深入参与的权利"①，保证公民通过法治渠道维护自身的利益和权利的渠道畅通，用良法善治构建共建共治共享的社会治理格局，让公民真正体会到社会主义法治建设的益处。

第三节　当下法治教育的时代意义与重要使命

通过对我国公民教育历程的梳理与考究，我们深刻理解了当下中国公民法治教育的重要意义与使命，《大纲》的发布对培养公民精神，推进法治进程具有重要的时代价值。

一、从思政主导到法治启蒙

我党的思想政治教育工作源于新民主主义革命时期，新中国成立以后，更是将之上升到意识形态建设高度加以强调。改革开放后，从小学开始就将思想品德教育作为青少年价值观培养的重要阵地，并且贯穿整个国民教育体系，通过培养社会主义接班人来迎合政治运动的需要。这种思想政治主导的教育模式虽然有其必要性和客观性基础，但是，在这一过程中，法治教育的薄弱使公民性品格培养无法完成。在当下全面依法治国的大背景下，公民法治素养以及公民性品格的养成直接决定了法治建设的成效，"要想培养出积极的公民意识，其基本前提就是公民本人应当控制政治过程（而不是由别人'代表'）"②，党的十八大、十八届四中全会以

① 习近平. 决胜全面建成小康社会 夺取新时代中国特色社会主义伟大胜利：在中国共产党第十九次全国代表大会上的报告［N］. 人民日报，2017-10-28（1）.
② 塔斯基·福托鲍洛斯. 当代多重危机与包容性民主［M］. 李宏，译. 济南：山东大学出版社，2012：113.

及十九大均将培养公民的法治精神作为重要的战略任务，并将公民法治教育纳入国民教育体系。《大纲》在国家总体战略的基础上确立了"以社会主义核心价值观为主线""以宪法教育为核心、以权利义务教育为本位""培养社会主义合格公民"的目标要求，意味着法治启蒙已经进入一个全新的阶段。通过公民法治启蒙，使公民确立自由、平等、理性精神，培养公民的公共精神和社会责任感，培养公民的理性参与政治生活的意识和能力，杜绝"没有公民的民主"[①]，全力推进民主法治进程。国家有义务教育公民正确理解权利和义务、少数服从多数和思想自由与无政府主义的区别。[②] 所以说，基于当下中国民主法治建设的需要，公民价值观的塑造和公民精神的培养必须实现由思政主导到法治启蒙的重要转向。

二、从主人意识到公民意识

新中国成立后，中国人民以主人翁的姿态掌握了国家政权，然而，主人是一种政治概念，主人的权利也更多地体现为一种集体权利，而对于个人来讲，很多主人所享有的权利和承担的义务和责任，个人是无法独自享有和承担的。在特殊时期，主人在政治参与过程中所展现的"大民主"可能会导致"反民主"的结果。事实上，每个人都是一个独立的个体，都应该享有法律上的权利，承担法律上的义务。由此决定了在法治社会，必须具有公民意识，公民意识是与当代中国的民主法治相一致、符合国家治理需要的意识。通过公民意识的培养，能够使公民成为具有独立权利诉求，并能够主动主张权利和维护权利的主体，同时能够理性参与国家政治生活，维护法律权威，对公权力进行监督，并基于公共精神履行社会义务和

---

① 罗伯特·W. 麦克切斯尼. 富媒体 穷民主：不确定时代的传播政治［M］. 谢岳，译. 北京：新华出版社，2004：7.
② 乌尔里希·卡本. "法治国家"产生效应的条件［C］//约瑟夫·夏辛，容敏德，编著. 法治. 阿登纳基金会，译. 北京：法律出版社，2005：93.

公共职责。基于全面依法治国和共建共治共享的国家战略，必须通过公民法治教育实现从主人意识到公民意识的转变。公民意识转变的重要途径就是努力把改革开放的巨大成果和市场经济释放出来的利益空间，充分、有效、系统地上升为法律上的公民权利与自由。因为，如果不能上升为法律上的公民权利与自由，那么，无论是"主人"还是"公民"，其身份、资格、角色及其权利都难免沦为一种空泛的、没有保障的理想话语和空洞许诺。这正如邓小平同志曾经指出的，"要使我们的宪法更加完备、周密、准确，能够切实保证人民真正享有管理国家各级组织和各项企业事业的权力，享有充分的公民权利……"① 而只有这样才能使"主人"地位和公民身份更为现实、更为普遍和更有保障，当然，通过法治教育就能尽快实现从主人意识向公民意识的转型，这无疑具有重大而深远的意义。

三、从守法教育到公民教育

改革开放后，为了适应法治国家建设的需要，我国已经完成了七个普法规划，目前已经进入"八五"普法阶段，虽然取得了很大的成就，但是也存在很多问题。在普法过程中，更多的情况下是侧重守法教育，要求民众遵纪守法成为普法的主旋律。事实上，法治建设不仅需要守法的民众，还需要能够正确享有权利、履行义务和承担公共责任的公民精神，公民不是被动的守法者，而是主动参与国家政治生活并能够具有自治能力和公共精神的主体。我们知道，普法教育更多地体现为"法制教育"，"法制教育"有一个假设的前提，现有的制度和法律都是最好的，可能偶尔有运行上的问题，解决这些问题无须改变制度及其内涵的价值，因此公民要遵守现有法律、为社会出力、尊重司法和执法部门及其工作官员。法治教育以

---

① 邓小平. 邓小平文选（第2卷）［M］. 北京：人民出版社，1994：339.

对法的价值、基本原则和目的作为教育的核心内容，使公民有能力批判性地审视现有法律制度及其运行情况，理性地思考法律和正义之间的关系、法律对每个人自我和社会的意义和目的实现的作用，从而对人守法的原因和意义有更深入的认知并主动守法，成为真正"好社会"的"好公民"。例如，最高权力是属于人民的，"全国人民代表大会"代表人民行使权力，因而它是最高权力机关，而法律的实现实际上就是人民行使最高权力的形式，因而遵守法律实际上是公民行使民主权利的形式。

《青少年法治教育大纲》将加强和改善青少年法治教育作为当前和今后的重要任务，强调加快完成法治教育从一般的普法活动到学校教育的重要转变，强调对青少年从传授法律知识到培育法治观念、法律意识的转变。① 因此，基于当前法治建设的需要，需要实现从守法教育到公民教育的转向，通过普法方式的改革和公民法治教育模式的探索，培育出能够为"法治中国"建设提供精神动力的积极公民。

本章小结

新中国成立初期，受经验缺失和不利的外部环境影响，中国在社会主义建设过程中，过于强调政治上"人民"主体地位而忽视了法律上"公民"的地位。改革开放后，旨在培养权利意识和公民精神的公民教育成为社会主义国家精神文明建设的重中之重。道德教育和守法意识培养取得了一定的成果。但是这种注重德育、政育而忽视法育的做法无法回应新时代"全面依法治国"的战略要求，所以，把法治教育纳入国民

---

① 教育部、司法部、全国普法办关于印发《青少年法治教育大纲》的通知 [J]. 中小学德育，2016（8）：4-10.

教育体系成为新时代公民性品格塑造的主要通路。当下法治教育具有从思政主导到法治启蒙、从主人意识到公民意识、从守法教育到公民教育的重要时代使命。

第三章

公民法治教育的中国模式建构

改革开放后，中国的法治进程不断加快，截止到2011年，中国特色社会主义法律体系已基本形成，法治建设成效显著，但是还存在诸多不尽如人意的地方，法治进程的进一步推进面临瓶颈问题，其中公民性品格和法治素养无疑是法治建设的一个重要阻滞因素。根据党的十九大的战略部署，2035年要基本实现法治社会的建成目标，《法治社会建设实施纲要（2020—2025年）》提出"到2025年，'八五'普法规划实施完成，法治观念深入人心"①，并再次强调"全面落实《青少年法治教育大纲》，把法治教育纳入国民教育体系"。为了提高公民的法治观念，培养公民的法治思维和法治理念，为全面推进依法治国提供思想意识和思维理念方面的支撑，探索公民法治教育的模式就显得尤为迫切。当然，当代中国的公民法治教育模式必须符合中国特色社会主义法治建设，基于中国的历史传统、现实国情以及基本的政治、经济、文化和社会制度，公民法治教育中国模式的基本内涵应该是以"一核多元"为价值主线，进行结构平衡的权义定位，构建公私领域的两重框架，并进行制度理念的层级安排，以此来培养、塑造与中国特色社会主义法治相匹配的公民品格。

---

① 法治社会建设实施纲要：2020—2025年［EB/OL］.中国政府网，2020-12-07.

第一节 "一核多元"的价值主线

公民法治教育要遵循一定的价值导向和价值体系，基于中国特色社会主义制度以及中国特色社会主义法律体系，公民法治教育的中国模式需要遵循"一核多元"的价值主线，"一核"是指社会主义核心价值观，"多元"是指多元融合的民主法治理念，也就是说，公民法治教育的中国模式应该以社会主义核心价值观为主线，同时体现多元融合的民主法治理念，并在社会主义核心价值观与多元民主法治理念的内在契合中为公民法治教育模式的价值体系进行合理定位。

一、以社会主义核心价值观为主线

价值观问题是引领一个社会发展的关键精神内核，是不可或缺的要素。2016 年，中共中央办公厅、国务院办公厅印发了《关于进一步把社会主义核心价值观融入法治建设的指导意见》，提出将以富强、民主、文明、和谐，自由、平等、公正、法治，爱国、敬业、诚信、友善为主要内容的社会主义核心价值观融入中国特色社会主义法治建设当中，为中国的法治建设注入具有生命力并体现时代要求的精神元素，强化公民对当代中国法治建设的情感认同，形成规则意识，将法律规则内化于心、外化于行。社会主义核心价值观是中国特色社会主义法治建设的价值追求，也是中国公民法治教育必须遵循的价值主线。社会主义核心价值观对当代中国的法治建设和公民性品格的培养具有核心指引意义，是实现"中国之治"的精神动力。以社会主义核心价值观为主线的公民法治教育的重大意义体现为以下几方面：

（一）增强公民对中国特色社会主义法律制度的信仰

伯尔曼说过，"法律必须被信仰，否则它将形同虚设"，法律信仰是法治建设的内在驱动力量。众所周知，法治源于西方，而中国长期的封建专制统治所形成的很多理念和制度与法治的基本价值存在很多冲突。改革开放后，中国的法治进程明显加快，但是，"相同的法律规则在不同的时间和地点条件下，在不同的客观世界和制度环境中，将不会使其调整下的角色扮演者做出完全相同的行为"，即"法律的不可移植性规律"。[①] 中国的法治建设需要与中国的历史传统与现实国情相结合，西方优秀的法律制度和先进的法治理念我们应该借鉴，但是不能简单地模仿，而是要以中国特色的政治、经济、文化和社会制度为条件进行中国法治发展路径的探索与构建。然而，长期以来，我们一直以西方的法治理论和法律制度为学习的典范，在法治发展过程中，中国在国际上缺乏话语权，中国民众对中国的法律制度也缺乏理论自信，中国特色的法治发展之路一直面临被西方法治理论所裹挟和过度影响的境地。因此，中国走独立的中国特色社会主义法治道路需要中国公民能够认同本国的法律制度，公民对法律制度的信仰是加快法治社会建设，全面推进依法治国最原初、最强劲的内在动力。要想使社会主义法治理念得到全社会奉行，加强社会主义核心价值观的教育和使之内化则能够为增强公民对中国特色社会主义法律制度的信仰提供根本的方向指引。

社会主义核心价值观中的富强、民主、文明、和谐是基于"弘扬以爱国主义为核心的民族精神和以改革创新为核心的时代精神"[②] 的需要而确立的重要价值导向，是从国家层面提出的核心价值体系，也是社会主义核

---

① 安·塞德曼，罗伯特·塞德曼．发展进程中的国家与法律：第三世界问题的解决和制度变革［M］．冯玉军，俞飞，译．北京：法律出版社，2006：52.

② 张文显．新时代中国社会治理的理论、制度和实践创新［J］．法商研究，2020（2）：3-17.

心价值观中最高层次的价值追求。在此方面对公民进行法治教育有助于培养负责任的大国公民精神，凝聚公民以自强、自立的强国精神进行国家的建设，争取国际话语权，强化公民对宪法以及国家安全相关的法律制度的认同、接纳与信仰。社会主义核心价值观中的自由、平等、公正、法治是从社会层面所提出的价值追求，这几点实际上是对社会主义法治样态的高度凝练，目标是建立一个崇尚自由、保障平等和公正、遵守规则的有秩序的社会状态，是公民有安全感、获得感和幸福感的社会状态，通过对社会主义核心价值观社会层面的价值认同，能够增强公民对以《中华人民共和国民法典》为核心的有关平等主体之间的财产关系和人身关系的法律制度的信仰与自觉遵从。社会主义核心价值观中基于个人维度提出的爱国、敬业、诚信、友善，成为新时代公民所提出的道德目标追求，也是对公民较高层次的行为要求。众所周知，道德与法治具有密不可分的关系，道德建设是法治建设的深层根基，社会主义法律制度是以社会主义伦理道德为根基的，以道德培养来滋养法治理念是推进法治建设的重要举措，也是减少法律实施成本的重要方式，更是培养公民对法律制度信仰的深层次的道德基础。

以社会主义核心价值观为主线的公民法治教育有助于培养公民的爱国情感和民族使命感，强化国家认同和对中国特色社会主义文化的认同，使中国特色社会主义法律体系成为人们内化于心的行为规范和必须遵守的行事规则，进而强化公民对中国特色社会主义法律制度的信仰。因此，公民法治教育模式必须以社会主义核心价值观为主线进行内容设计和实施路径探索，通过法治教育，使公民深刻理解"中国的法治建设不能一直以'学徒'的膜拜心态模仿西方的法治模式，而是立足于中国的现实，构建符合中国的法治理论、法治精神、法治思想，争夺国际法治话语权，探索符合中国政治体制、经济形态与文化结构的法治模式"①，培养理论自信和制度信仰，进而实现中华民族的伟大崛起。

（二）增强公民的社会责任感与使命感

中国历史上长期的封建专制制度使公民一直处于被管理者的地位，形成了比较稳定的臣民精神，公民缺乏对国家政治生活参与的期望与内在动力，当然也缺乏参与国家政治生活的渠道与平台。党的十八届三中全会以后，国家将社会"管理"转变为社会"治理"的实践逐渐展开，党的十七大和十八大报告中强调"实现发展成果由人民共享"，而十八届五中全会则表述为"构建全民共建共享的社会治理格局"，十九大则完整地提出了"打造共建共治共享的社会治理格局"，从而将自上而下的单向度的政府管理转变为国家与社会自上而下与自下而上的双向互动的国家与社会的共治。共建共治共享的社会治理格局需要公民具有主人翁的姿态和强烈的社会责任感，以积极公民的身份参与国家的建设与改革过程。但是，文化传统中的"臣民"精神以及消极公民的行为惯性使很多民众对国家的政治参与缺乏热情，将自身置于国家治理主体之外。而社会主义核心价值观则从不同的层面对公民提出了要求，以社会主义核心价值观为主线的公民法治教育能够为共建共治共享的国家发展战略凝聚共识，彰显"以人民为中心"的治理理念，通过社会主义核心价值观，培养公民的主体意识，深知"人民不仅是社会治理的目的，也是社会治理的主体，是社会治理现代化的根本力量"②。

"中华民族是一个利益共同体、命运共同体，也是一个价值共同体。价值观认同是最深层次的认同，是民族团结之根、民族和睦之魂、民族兴

---

① 郭海霞．"法治中国"话语下法律体系的完善［J］．学术交流，2016（7）：80-86.

② 张文显．新时代中国社会治理的理论、制度和实践创新［J］．法商研究，2020（2）：3-17.

旺之基。"① 从立法的角度讲，有共同的责任感和使命感才能驱动公民形成共同的价值取向，进而在立法过程中形成共识，社会主义核心价值观是公民形成共识的导引性价值，在立法过程中将社会主义核心价值观注入法律当中，公民从制度的角度对社会主义核心价值进行践行，自然就会体现出对国家、民族和社会的责任感。从法律实施的角度来看，社会主义核心价值观能够推动公民对自身在国家中主体地位的认同，并主动监督法律的实施。虽然我国宪法和其他法律对公民的民主参与权以及监督权都予以明确的规定，但在现实中，很多公民还是将对国家权力的监督与自己权利的维护以及自己在国家中的地位无法实现有效的链接，这样才会出现普通民众经常将贪污腐败的案件作为茶余饭后的谈资而无丝毫气愤的情感表露的内在根源。而在公民的法治教育过程中，以社会主义核心价值观为主线，必定会与法律法规的精神内核实现内在的统一，从而增强公民守法的自觉性，并主动对国家公权力进行监督，合理维护自身合法权利。社会主义核心价值观从不同层面对公民性品格提出了方向指引和衡量指标，以社会主义核心价值观为主线进行公民法治教育能够使公民意识到自身的时代使命，培养强大的公民精神，对自己在国家中的主体性地位以及自身的法定权利、义务和公民责任进行正确的认知，使之内化于心、外化于行，进而转化为推动中国特色社会主义现代化事业的内在核心根本动力。

（三）为当代中国发展过程中的各种风险应对提供方向指引

当今时代，比较而言，在并存的"传统风险"（源于自然）与"现代风险"（源于人类生活实践）之间，绝大多数风险理论家们都会认为人类面临的最大威胁是"现代风险"，而"传统风险"对人类的威胁明显降低，但是，新冠疫情在全球的肆虐验证了"传统风险"的威胁力仍然很大。对

---

① 张文显. 社会主义核心价值观与法治建设［J］. 中国人大，2019（19）：49-54.

于处于转型期的中国来说，我们所面临的"现代风险"更为复杂，应对政治、经济、文化、社会以及科技发展所带来的各种风险的任务更为艰巨。作为执政党，中国共产党早就敏锐地洞悉新时代各类风险的存在，这就要求"更加自觉地防范各种风险，坚决战胜一切在政治、经济、文化、社会等领域和自然界出现的困难和挑战"①。习近平指出，"打赢防范化解重大风险攻坚战，必须坚持和完善中国特色社会主义制度、推进国家治理体系和治理能力现代化，运用制度威力应对风险挑战的冲击"②，为了应对"传统风险"与"现代风险"的双重挑战，我们要做到以下三点：一是以"善法"作为应对风险的屏障。"法律不只是一套规则，它是人们进行立法、裁判、执法和谈判的活动。它是分配权利与义务，并据以解决纷争、创造合作关系的活生生的程序。"③ 通过法律规则构建法律秩序是应对改革中各种风险的主要举措，"法律秩序的任务是，调和在任何社会中迫切要求认可的权益，并且决定其中哪些应被确认为通过法律加以推行的权利"④。社会主义核心价值观能够将利益平衡与实现和谐秩序的理念注入法律制度当中，从而推动"善法"的制定与"良法善治"的实现。二是风险应对主体的多元性。现代社会风险的复杂性决定了以政府为主体的应对策略明显效能不足，所以，必须发挥多元主体在风险应对中的作用，从新冠疫情应对的现实来看，社会组织以及志愿者在应对风险的过程中发挥了非常重要的作用，"志愿服务是这样一种道德实践：有着共同的社会大我之道德理想的主体，在共同理想的指引下自觉加入志愿者队伍，并在践行理想的过程

---

① 习近平. 决胜全面建成小康社会 夺取新时代中国特色社会主义伟大胜利——在中国共产党第十九次全国代表大会上的报告 [N]. 人民日报，2017-10-28（1）.

② 习近平. 中共中央关于坚持和完善中国特色社会主义制度 推进国家治理体系和治理能力现代化若干重大问题的决定 [N]. 人民日报，2019-11-06（1）.

③ 伯尔曼. 法律与宗教 [M]. 梁治平，译. 北京：中国政法大学出版社，2003：11.

④ 伯纳德·施瓦茨. 美国法律史 [M]. 王军，洪德，杨静辉，译. 北京：中国政法大学出版社，1990：273.

中实现彼此道德境界的共同提升"①，而在经济发展、政治改革以及社会治理创新的过程中，面对各种现代风险更需要群策群力，降低改革成本，防止各种潜在风险的发生。所以，国家与社会多元主体的合力才是应对风险的最佳策略，而社会主义核心价值观则体现了多元主体合力共治的价值取向。三是风险应对需要凝聚共识。改革开放后，中国公民的价值观呈现多元化的发展趋势，甚至存在价值观的撕裂与不相容，价值观的整合需要核心价值观的引领，"尽管立法者用心良苦，如果他们不善于运用国家权力与法律秩序，就无法克服国家发展道路上的各种艰难险阻。国家要想避免在这条道路上迷失方向，就必须要有相关法律与国家理论的正确引导"②。这说明，"要想推行法治，立法者须考虑国情中政治、经济、社会条件，精心制定相关法律"③，以社会主义核心价值观凝聚共识，才能以法治的方式应对各种风险。

总之，为了应对复杂的社会风险，我们需要整合多元的观念、理念、主体和策略，社会主义核心价值观是实现整合的关键要素。公民法治教育如果以社会主义核心价值观为主线，那么可以让公民正确认知我国的现实国情，认同现行的法律制度，并且在此基础上凝聚共识，增强在各个领域改革与创新的合力，以内在的信仰为中国的改革与发展提供情感支撑和精神动力。

二、多元融合的民主法治理念

民主法治理念是法治的核心要素，也是提升公民能力的最为原发的动

---

① 肖雅月，张晓东. 志愿服务的伦理之维 [J]. 江苏社会科学，2021（1）：160-166.
② 安·塞德曼，罗伯特·塞德曼. 发展进程中的国家与法律：第三世界问题的解决和制度变革 [M]. 冯玉军，俞飞，译. 北京：法律出版社，2006：387.
③ 安·塞德曼，罗伯特·塞德曼. 发展进程中的国家与法律：第三世界问题的解决和制度变革 [M]. 冯玉军，俞飞，译. 北京：法律出版社，2006：384.

力。当代中国公民法治教育应当坚持筑牢中国精神和价值之基，同时面向世界，做到多元融合，兼容并包。因为，"没有哪个国家能够独自应对人类面临的各种挑战，也没有哪个国家能够退回到自我封闭的孤岛"①。

（一）权力制约理念

现代化国家之所以被称为"现代化"，从政治和法治层面讲，是因为建立于民主法治理念的权力制约。换言之，缺少了权力制约，民主与法治也就不可能存在了。无数历史事实都印证了这一深刻的结论。"二战"时，德国法西斯的所作所为便是此类事例的典范。"这些反人类罪的作恶者都受过良好的教育，懂得大量阅读、写作、文学、数学和科学知识，尽管如此，他们却不能民主生活；他们利用自己的知识和技能建造伟大艺术品和建筑的同时，也建造了集中营和人类的梦魇。"② 对于我国而言，在新中国成立以后，权力不受制约的事件偶有发生，不过当时并未引起当局的注意，也就没有建立起有效的权力控制机制。就事实而言，"重视权力监督是中国国家治理哲学和实践中最具民族智慧与气派的一以贯之的政治法律传统"③，中国共产党为人民谋福利，使用权力也是为了人民，也就是说，人民是权力监督的主体，通过人民的监督，把权力关进制度的笼子里，唯有如此，才能使权力真正服务于人民，真正做到为人民谋福利。权力的监督应该是全方位的，权力监督的手段应该是多样性的，中国共产党作为执政党，应该依法执政，执法机关应该依法行政，司法机关应该依法司法。尤其是《中华人民共和国监察法》的制定使"所有行使公权力人员纳入统一监督的范围，解决了过去党内监督和国家监察不同步、部分行使公权力

---

① 习近平. 决胜全面建成小康社会 夺取新时代中国特色社会主义伟大胜利：在中国共产党第十九次全国代表大会上的报告 ［N］. 人民日报，2017-10-28（1）.

② 沃尔特·帕克. 美国小学社会与公民教育 ［J］. 谢竹艳，译. 南京：江苏教育出版社，2006：62.

③ 黄文艺. 权力监督哲学与执法司法制约监督体系建设 ［J］. 法律科学：西北政法大学学报，2021（2）：31-42.

人员处于监督之外的问题，实现了对公权力监督和反腐败的全覆盖、无死角"①。除了以制度制约公权力外，以权利制约权力也是权力制约的路径之一，公民能够通过积极行使公民权利来制约公权力、扼制权力滥用和扩张。随着现代科学技术的发展，尤其是互联网、大数据、云计算、区块链技术应用于执法司法系统，科技对权力的制约成为一种新型的监督模式。总之，我们应该充分合理利用各种监督手段，将权力限定在法定的范围内运行，从而促进国家治理体系和治理能力的现代化、民主化、法治化。在公民法治教育中，必须将权力制约理念作为公民法治教育的重要内容。

（二）法律至上理念

现代化国家最典型的特征之一就是依法治国。在社会主义中国，实行依法治国已经被写入宪法，并在建设社会主义法治国家过程中得以有效体现和实施。这就要求，宪法法律至上应当成为全体公民共同追求的价值目标。"所谓'法律至上'，是指国家治理的规范根据，必须以法律为准。无论个体依据权利的自治，社会依据契约的互治，还是政府依据权力的他治，都必须坚持垂法而治。"② 中国特色社会主义法律体系是全国人民共同意志的体现，是以国家强制力保证实施的人民利益的制度表达，是依法治国的制度基础。虽然，在当代中国调整社会关系的社会规范是多元的，除了法律以外，道德、宗教、乡规民约、自治规范等都是调整社会关系的重要规范，但是当其他社会规范与法律不相容的时候，法律具有更强的适用效力。在当代中国，国家治理必须符合法律的基本原则和基本精神，对公权力的制约必须是依法制约，明确权力清单，使公权力在法治的轨道上运行，在制度的笼子中有效运行；对于公民权利的保护也必须是依法保护，重视程序正义，防止公权力在运行过程中受到程序正义实现的干扰，公民

---

① 习近平. 在新的起点上深化国家监察体制改革 [J]. 当代党员，2019（6）：4-6.
② 谢晖. 法律至上与国家治理 [J]. 比较法研究，2020（1）：46-62.

权利的行使也必须于法有据。在改革与发展的过程中，无论是经济体制改革还是政治体制改革，无论是社会体制创新还是文化体制创新，都必须以法律制度作为各项改革与创新的依据。在公民法治教育过程中，通过法律至上精神的内化，包括公权力行使者和普通公民在内的所有人都成为理性的自觉遵守法律的模范，从而加快社会主义法治建设的进程。

（三）公平正义理念

以公平正义为核心和价值指向的现代法治就其本质而言是良法善治。在法治运行和实施的过程中，自由、平等和权利的合理配置，成了公平正义的价值所在。"一个旨在实现正义的法律制度，会试图在自由、平等和安全方面创设一种切实可行的综合体和谐和体"①，"当正义对自由和平等的追求起着支配作用时，自由和平等就能在限定的范围内和谐地扩展到最大限度。自由主义者和平均主义者中那些错误的、极端主义的、无法解决的冲突就会消失，因为正义至上纠正了这些错误，解决了它们之间的矛盾"②。相较于自由和平等等其他价值，对公平正义的追求永远没有"过分"一说。对于个人，如果要求过多的自由、过多的平等，可能会超越自己应该享有的权利的范围，造成不公正的结果，但没有任何一种情况会让人们觉得由于过于追求公平正义，而损害了别人的权利或利益；对于社会，也是同样的，越公正的社会越会被人们赞扬和喜爱，从来没有"过分公正"一说。因此，"全面依法治国，必须紧紧围绕保障和促进社会公平正义来进行"③，公平正义可以说是现代法治社会的必然追求。在当代中国，社会转型面临各种挑战，公民对公平正义的诉求非常强烈，那么，如

---

① E. 博登海默. 法理学：法哲学及其方法［M］. 邓正来，姬敬武，译. 北京：华夏出版社，1987：295.
② 艾德勒. 六大观念［M］. 郗庆华，译. 北京：生活·读书·新知三联书店，1998：170.
③ 习近平. 习近平谈治国理政：第二卷［M］. 北京：外文出版社，2017：129.

何通过法律制度调整利益结构，如何在法律的制定和实施过程中体现公平正义原则，是当代中国实现国家有效治理的重要前提条件，也是体现社会主义制度内在规定性和社会主义本质特征的重要目标，更是保护人权的重要意义所在。在公民法治教育过程中，应该始终将公平正义理念的培育作为重点，要求每个公民将蕴含于社会主义法治中的公平正义加以认同，将自由、平等和权利内化于心，崇尚宪法法律至上。当然，这些都是以公平正义为核心构建起的"良法善治"为前提的。

（四）人权保障理念

尊重、维护和保障人权有赖于民主与法治理念深入人心，渗透于社会生活的方方面面。保障人权是"良法善治"的终极目标。2004年，我国人权入宪充分说明了中国共产党领导下的法治建设对人权的尊重与保障，国家的重大战略决策的基本内容也紧紧围绕人权保障进行制定。改革开放四十余年来，人民"不仅对物质文化生活提出了更高要求，而且在民主、法治、公平、正义、安全、环境等方面的要求日益增长"①，基于公民对人权标准的不断提高，我们还需要具体的制度设计切实保障人权的实现。在人权保障过程中，一方面，我国的人权保障内容、标准及具体的保障措施要与中国的现实国情紧密结合，不能套用西方的模式进行人权保障，更不能被西方的人权标准所左右，我国的人权保障既要体现人权的基本价值内涵的普适性，同时必须关注人权的特殊性。当人权保障中的各种价值理念面临冲突时，如何进行协调各个国家有不同的价值选择。例如，新冠疫情期间，西方国家对自由的执念往往超过了对安全的追求，这也是新冠疫情在西方难以有效控制的重要原因。截止到2021年2月19日，新冠感染导致美国死亡近50万人。美国当地时间2月15日的寒流沉重打击了美国南部

---

① 习近平. 决胜全面建成小康社会 夺取新时代中国特色社会主义伟大胜利：在中国共产党第十九次全国代表大会上的报告［N］. 人民日报，2017-10-28（1）.

的得克萨斯州，导致该州大量地区断电，甚至停水，数百万人在家中无电取暖，处境艰难甚至危险。截止到 2 月 19 日，得克萨斯州至少有 21 人死亡。① 美国人民的生命权面临严重威胁，无论是新冠疫情，还是寒流所带来的灾难，其逻辑是相同的，即"资本的注意力和政府的注意力都没有投向对人权的基本保障上，美国的资本主义制度衍生出一套偏离了公众切身利益的国家道义，逐渐变得华丽而不中用"②。而在中国，无论是上层决策者，还是普通民众，在自由与生命安全之间我们选择了安全，这才是对权利价值的正确衡量和对人权保障的正确诠释。另一方面，随着现代社会的发展以及科技信息技术的进步，人权的内涵也在不断拓展，人权保障也面临现代社会发展所带来的各种挑战。"一些技术发展无形中对人权产生了严重威胁，而且它们隐藏在进步和福利的身后，披上了技术的客观性外衣，从而呈现出'客观'发展后果的形式，这就使人权保护任务变得更为艰巨。"③ 在当代中国，基于人权保障的需要，保障公民的数据权利，减少因信息垄断和信息鸿沟所导致的社会不平等和两极分化已经成为数字化时代人权保障必须刻不容缓解决的问题。这就要求，数字化时代的公民法治教育必须注重对公民加强人权保障方面的教育，以唤起其应有的理念和觉悟，对人权保障有正确的认知，基于人权价值和精神面对现实的政治经济社会场景，通过自身的参与推进立法、司法和执法机关对权利的保障，并对权力进行有效制约，在强化自我权利保护意识的同时通过理性维权行为影响人权保护的社会环境，使之得以优化，使人权保障机制得以有效建立和运行，进而形成应有的法治秩序。

---

① 环球网社评. 给美国的"民主人权自由"做一个翻译 [N]. 环球时报，2021-02-19（14）.

② 环球网社评. 给美国的"民主人权自由"做一个翻译 [N]. 环球时报，2021-02-19（14）.

③ 马长山. 智慧社会背景下的"第四代人权"及其保障 [J]. 中国法学，2019（5）：5-24.

三、"一核"与"多元"的内在契合

坚持"一核多元"的价值主线是公民法治教育模式的核心要义,"一核多元"中的"一核"与"多元"具有内在的契合性,相互配合,相互促进,为培养合格的公民提供了价值标准。

(一)社会主义核心价值观与多元的民主法治理念具有文化上的同质性

虽然民主与法治发端于西方,不过,随着全球化的不断发展和大量后发现代化国家的崛起,民主法治作为衡量国家文明程度的重要指标和标志,已经成为全人类的价值共识和追求。民主、法治理念的提出是人类文明中必不可少的精神和价值追求的精神文化现象。归根结底,民主法治理念和社会主义核心价值观都属于精神文化范畴,且具有同质性。党的十八大上提出了凝集社会主义国家精神实质的社会主义核心价值观,并得到全社会的广泛认同。"核心价值观是指一个国家中居于主导地位、引领社会价值走向的价值观,体现全民族的价值共识和整体意志,也是政治意识形态凝练的'最大公约数'和国家格言。任何社会的存在和发展,都需要用核心价值观来体现共识、凝聚力量。"① 社会主义核心价值观作为社会主义先进文化的灵魂和本质,成为中华民族在社会主义事业建设中精神文明的价值指向。社会主义核心价值观中所包含的法治,代表着人们在社会主义改革建设中的重要实践追求,因而社会主义民主法治理念也是社会主义先进文化的重要范畴,"全面依法治国"的入宪使法治成为加强国家治理能力现代化、建设社会主义现代化强国的重要推手。所以,强化公民法治教育,建立与社会主义法治国家相适应的公民教育体系,有助于积极推进民

---

① 冯玉军. 把社会主义核心价值观融入法治建设的要义和途径 [J]. 当代世界与社会主义,2017(4):11-18.

主法治文化的构建，实现法治民主秩序。①

因此，社会主义核心价值观与多元的民主法治理念有着共同的文化属性，多元的民主法治理念所包含的价值具有普适性，而社会主义核心价值观则是根据中国的历史传统与现实国情所提炼的价值内涵，是符合中国特殊性的价值追求。所以，社会主义核心价值观能够引领民主法治理念中的价值在中国特有的政治、经济、文化以及社会制度中得以充分诠释。

（二）社会主义核心价值观与多元的民主法治理念具有价值内涵的重合性

民主法治制度是一种现代化的治理模式，凝结了全人类的价值共识，选择了这种治理模式实际上即选择了其内涵的价值目标，民主、法治、自由、平等、公正等是不分国度、不分种族的普世的价值追求，而社会主义核心价值观也恰恰将这些价值追求作为核心目标。中共中央办公厅、国务院办公厅印发的《关于进一步把社会主义核心价值观融入法治建设的指导意见》中突出强调社会主义核心价值观是社会主义法治的价值依归和灵魂，建设社会主义法治国家必须要在社会主义核心价值观的引导下进行，并要求"运用法律法规和公共政策向社会传导正确价值取向"②。"民主法治理念"是法治的灵魂，体现了法治的精神实质和价值追求，因而二者具有价值上的一致性，社会主义核心价值观中的自由、平等、公正等更是民主法治理念的价值内涵。追求自由就必须形成权力制约理念，因为只有限制公权力滥用才能真正实现人的自由；唯有追求平等，才要求具有法律至上的理念，法律作为一个社会中非人格化的最高权威，它的存在就是为了消灭人治和特权，实现人人平等；公平正义的法治理念更是与核心价值观

---

① 吴玉龙，陈金艳. 论社会主义核心价值观与法治建设的理论契合与实践融入 [J]. 延边党校学报，2018（1）.
② 关于进一步把社会主义核心价值观融入法治建设的指导意见 [J]. 人民日报，2016-12-26（1）.

中的核心要素"公正"直接重合；核心价值观是全社会达成的价值"最大公约数"，这正与法治理念中的人权保障理念的价值追求合二为一，都是为了追求人的自由发展和全面发展。由此可以看出，社会主义核心价值观与多元的民主法治理念具有明显的价值内涵的重合性。

（三）社会主义核心价值观和多元的民主法治理念在实践功能上相辅相成

民主、法治是社会主义核心价值观的基本要素、实现载体和基本保障。在社会主义民主建设实践中，我国在不断完善人民代表大会制度，同时，不断完善协商民主制度，发展基层民主。按照《意见》的要求，为了加强社会主义法治建设，就要将相应的价值观贯穿于社会主义法治体系的各个环节当中，要求每个环节、每项内容都应当体现核心价值观，体现民主与法治的基本理念。法治的第一重含义应该是"良法"，所谓良法，其价值应该符合社会主流价值，应该与大多数人认同的价值追求保持一致，因而被称为价值"最大公约数"。社会主义核心价值观应该是"良法"所应内含的价值，这样的法律通过其规范、引导、评价、教育、惩罚、强制等作用实现，推进社会主义核心价值观的践行。民主法治理念是法律实现的保障，唯有公民具备了良好的民主法治理念，才能在现实中真正使立法、司法、执法、守法等得以有效实施。简而言之，正是由于民主法治理念的存在，才能使社会主义核心价值观得到践行和保障。反过来也一样，社会主义核心价值观和民主法治理念在价值上具有统一性，因而，社会主义核心价值观的良好践行也有利于民主法治理念的形成。法治的第二重含义是"善治"，我们要将社会主义核心价值中"民主、自由、平等、公正、法治"贯彻到立法、执法、司法、守法和法律监督等各个环节，推行良善法治，塑造民主法治理念，从而彰显中国特色社会主义法治建设的价值追求，同时也与多元的民主法治理念在实践中实现了内在的契合。在公民法治教育过程中，应该以社会主义核心价值观为主线，同时将社会主义核心价值观与多元的民主法治理念进行充分的对接与融合，实现"一核"与"多元"的内在整合，为公民民主法治观念的养成提供正确的方向指引，防止将二者进行人为的分裂，结合中国的历史传统与现实国情，以兼容并蓄的包容精神进行中国公民品格的塑造，进而为中国特色社会主义法治进程的推进提供动力支持。

第二节　结构平衡的权义定位

法律的核心内容是权利和义务，而对于公权力主体来说，权力和责任则是一种特殊的权利义务，中国特色社会主义法治建设具有符合中国历史传统与现实国情的权利观，并在法律制定与实施的过程中平衡各种利益关系，利益的平衡体现在法律制度中即权利义务的平衡，这是良法的基本品质，也是善治的根本要求，公民法治教育必须体现结构平衡的权义定位。

一、社会主义法治的权利义务观

马克思主义认为，随着资本主义时代的到来，契约、权利关系得以产生，从而导致了国家与个人、个人与个人关系的重大转型。西方国家在进行资本主义现代化的过程中，通过宪法赋权的方式给予了社会成员以"公民"身份，使之成为社会的主体，同时在平等、自由的思想基础上通过宪法划分国家权力和公民权利边界，同时也对义务进行了明确。就此，公民通过宪法获得公民权利和义务，在法律规则框架下自由行使自己的权利和履行义务，进而完成其作为公民的政治生活和社会生活。[①] 国家与社会之

---

① 马长山. 公民意识：中国法治进程的内驱力 [J]. 法学研究，1996（6）：3-12.

间的和谐稳定的关系完全是基于公民精神与品格，正是公民精神与品格使得公民积极参与国家政治生活，积极履行法定义务。公民精神使人从身份关系上作为国家附庸的"臣民"，或只看重私人利益，完全没有参与意识和公共精神的"私民"，转变为积极参与国家政治生活，并遵循契约精神而在规则的规制下选择有秩序的生活的"公民"，而这种有秩序的生活的关键在于权利义务关系模式的建立。权利义务观念应该是公民性品格中最基本的因素，是法治价值理念的核心，也是其他公民性品格形成的基石，如果不能形成正确的权利义务观念，其他公民性品格也将不具备生成条件。

二、法治教育中的权义结构平衡

公民法治教育的重要使命是使公民能够对权利和义务进行正确的认知，明晰权利和义务的界限并且能够正确行使权利和义务。基于我国公民法治观念的现状以及推进民主法治进程的需要，权利和义务结构的内在平衡在法治教育中得以体现。

（一）权力与权利的平衡观念

作为一个既古老，又具有极强现代意蕴的权力与权利的平衡问题始终是学者们探讨的热点。虽然在这一命题中，很多内容难于达成一致，但是，有一些问题却也具有了共识性，那就是公民权利和国家权力具有边界性，公民的权利义务的范围总是取决于国家权力与公民权利的总体框架。权力是一种必要的"恶"，否定权力的无政府主义不会为公民权利的维护和实现带来任何益处，无政府主义必然导致社会的无秩序，"无政府主义大多在一种非现实的乐观主义基础上否认国家权力的必然性：他们认为人类的公共精神、理性和自然的和平主义足以保障正义秩序的运作。然而国家权力被削弱的时代提供给我们的历史经验恰与这种乐观主义相反"①。如果权力过于膨胀，那么权利的空间就会受到挤压。权力设置的目的是保障权利的实现，为了使权力符合其设置的初衷，就必须对权力进行必要的限制；权利虽然是人类不断追求的，但是权利也不是没有边界的，权利和权力需要保持内在的平衡，"权力和权利都不是天使。权力自然有专断腐化的内在倾向，但也有公平秩序的公共属性；权利自然有自由平等的本质诉求，但也有'爆炸'冲突的难题"②。基于已有的事实，我们可以看出：公民权利义务的正确行使是建立在一种理想的情景之下的，那就是以权力与权利互动平衡为基础。之所以强调权力与权利的互动平衡，主要原因在于公权力基于先天因素可能存在扩展与滥用的倾向，并对个人权利构成威胁，而权利本身也不是无边界的，没有限制的权利同样会对他人利益和公共利益构成破坏，因此，权利"并不意味着某个人或某些人可以享受以损失他人利益为代价的自由"③，权力与权利只有在互动平衡中才能实现个人利益、他人利益和公共利益的共赢共存。在西方国家资本主义发展进程中，自由主义和国家干预轮换着登场，占据着统治地位；在二者均无力应对现实之时，"第三条道路"适时出现，这些都是权利与权力之间的互动平衡的印证。这样的例证在后发现代化国家以及发展中国家并不鲜见，这表明"使用强力本身并不与自由主义相抵触；相反，政府手里若没有强力，人民的自由就无法保障。强力只有用得粗暴才算是粗暴"④。可见，政府权力和社会权利、公民权利之间的互动平衡是必不可少的。这样，通过以权利制约权力，对权力进行纵向的分解和制衡，防止权力的滥用和对个

---

① 莱因荷德·齐柏里乌斯. 法学导论 [M]. 金振豹，译. 北京：中国政法大学出版社，2007：23.

② 马长山. 法治的平衡取向与渐进主义法治道路 [J]. 法学研究，2008（4）：3-27.

③ MILLER D. Liberty [M]. Oxford：Oxford University Press，1991：21.

④ 圭多·德·拉吉罗. 欧洲自由主义史 [M]. 杨军，译. 长春：吉林人民出版社，2001：412.

人权利的侵蚀；同时，以权力规范权利，防止权利突破法律的底线而走向异化，进而构成对他人和社会的破坏性力量。只有二者平衡互动，才能真正实现对权力的制约和对权利的保护。

（二）权利与权利的平衡观念

在当今时代，公民的权利意识不断加强，权利的背后是利益，这是一个"为权利而斗争"的时代，甚至出现了"权利爆炸"，维护权利和争取权利是公民权利意识觉醒的重要体现。而且，随着互联网、物联网以及新兴科学技术的发展，出现了新型的权利冲突，如隐私权与言论自由权的冲突、休息权与娱乐权的冲突、自由权与安全权的冲突等。"权利一旦实施，就会有人得益、有人损失。"① 在当代中国，改革开放和经济体制改革所带来的红利使民众的生活水平显著提高，但是，也面临收入分配不合理、利益结构失衡、贫富差距较大等一系列问题，并因此引发不同阶层之间的矛盾和冲突，"仇富"现象以及被剥夺感的弱势心态使社会面临失序的潜在风险。因此，在立法过程中，应该注重权利的合理划分和利益界定，通过发展和完善民主制度，使不同阶层、不同群体的利益能够得以表达，并通过法律制度进行利益的合理界分与权利的平衡，使不同阶层和群体都能够从改革红利中获得应有的收益；在司法过程中，法官依法审判，彰显司法正义，进行权利的平衡；在执法过程中，执法者依法行政，进行权利的维护与补救。也就是说，立法者和法官所要解决的问题，就是权衡权利和衡量责任，使不断在抗争冲突中的个人权利得到平衡，② 从而最大限度地化解权利的"冲突"。公权力行使者在执法和司法的过程中，根据自由裁量权和基本的法律精神进行权利的平衡成为当今法律的制定者和法的实施者

① 史蒂芬·霍尔姆斯，凯斯·R. 桑斯坦. 权利的成本 [M]. 毕竞悦，译. 北京：北京大学出版社，2004：35.

② 路易·若斯兰. 权利相对论 [M]. 王伯琦，译. 北京：中国法制出版社，2006：214-215.

的重要使命。那么，在公民法治教育中，需要培养公民正确的权力观，使得公民在行使权力过程中能够关照和顾及他人的权利诉求和利益主张，实现一种和谐的、包容的公民权利行使的氛围。

（三）权利与义务的平衡观念

近现代以来，现代法治价值深入人心，封建的义务本位观念逐渐退位于自由主义主导下的个人本位权利观。个人权利的彰显使得人们摆脱旧有束缚，但是，随着时间的推移，个人本位权利观面临质疑，"权利要求吵吵嚷嚷提得太多，而相比之下，对实现这些权利所需要的义务和责任却保持沉默"①。这样，只强调个人权力和利益而不顾及他人的权利和利益的想法盛行，造就了无数自私自利的精致利己主义者，也就是通常所说的"贪婪的公民"。强调个人权利，侵犯他人权利必然带来社会矛盾和冲突，进而演化为严重的秩序危机。这就说明，没有权利与义务的对应与平衡，正确行使权利和履行义务也就失去了基础，"接受义务是任何人为了获得权利而必须付出的代价"②。权利和义务的平衡实际上是为了实现社会主体间权利的相互承认和尊重，利益的有效调和，是法治秩序形成的根源性理念支撑。因此，公民需要确立正确的权利义务观念，对权利和义务的关系能够正确地理解和把握。在西方国家，自由主义者往往从自由主义式民主角度对权利和义务进行解读，以普世的标准对权利、义务以及共同利益进行理解，忽视种族、性别、族群、经济地位等对权利义务的影响，这种普世主义情怀因过于理想化而导致权利和义务在现实中出现失衡。③ 所以说，权利和义务背后是现实的利益划分，不是空洞的口号，权利的享有和义务

---

① 托马斯·雅诺斯基. 公民与文明社会［M］. 柯雄，译. 沈阳：辽宁教育出版社，2000：1-2.
② J. 范伯格. 自由、权利和社会正义［M］. 王守昌，戴栩，译. 贵阳：贵州人民出版社，1998：87.
③ 乔治·理查森，大卫·布莱兹. 质疑公民教育的准则［M］. 郭洋生，邓海，译. 北京：教育科学出版社，2009：1.

的履行必须基于性别、文化、阶层、族群和其他社会差别，并以此为基础进行平衡和考量，从而实现不同群体之间的利益平衡和良性互动，进而实现"多样性的统一"。① 通过上述论述我们不难看出，公民的权利平衡观念不是片面强调权利的，而是追求权利与义务的平衡。在公民法治教育中，只有培养出既能正确行使权利又能勇于承担义务的公民，才能为法治进程的推进提供主体性条件。

第三节　公私领域的两重框架

无论是公权领域还是私权领域，公民都是重要的行为主体，合格的公民既能在国家公共生活中理性参与国家治理，又能根据法律规则与其他平等主体之间形成有序的财产关系或者人身关系，因此，公民法治教育必须注重在公私领域进行两重框架的设计。

一、横纵交融的框架设计

公民概念在各个领域中的表述各不相同，政治学领域的公民是指有资格享有并行使公民政治权利的人；伦理学上将公民定义为在公民社会具有与行使公民权利相符合的公民伦理道德与品质的人；法律中的公民是指依照法律规定取得公民资格的人，公民享有宪法和法律中规定的权利并承担相应的义务。公民不仅是公域的行为主体，同时也是私域的行为主体，在法治社会中，公民不仅应该有参与国家政治生活的能力，同时也必须遵从平等主体间的法律规则。

---

① 沃尔特·帕克. 美国小学社会与公民教育［M］. 谢竹艳，译. 南京：江苏教育出版社，2006：61.

任何一个公民都具有公私两域的双重角色。从公共领域来讲，公民是人在公共生活中的角色定位，强调在公共领域一个人的权利与义务范围及行为方式与界限。从私人领域来讲，公民身份必须牢牢置于人们的生活中，甚至是生活的核心。但同时，也不能忽略围绕这一中心对诸多私人目标的追求。因为，公共领域的公民和私人领域的个体都是不可或缺的，任何一方如果被另一方挤压，都会使整个社会的发展偏轨。如果公共生活中的公民角色无限膨胀，甚至延伸到了私人生活的全部领域，则国家就很容易受到集权的威胁。相反，公民过度追求私人利益和目标，变成一个个的利己主义者，那么国家可能就要面临进入无政府状态的威胁了。所以，为了培养合格的公民，我们需要公民具有在公共领域和私人领域进行角色的自由转换并合理界定公私权利与义务界限的能力，同时能够对权力与权利的关系进行合理的认知，并以主体的身份参与国家政治生活，行使国家所赋予的参与政治生活的权力，并以主体身份维护公民的合法权利，维护自身合法的私人利益。只有在公私两域都具有公民精神的公民才能实现与国家的合作共治，"只有当一个守秩序的公民社会同国家一道工作时这个国家才会强大"①。然而，因为长久以来的公民教育缺位，我国公民中的很大一部分人并不具备公共生活中必须具备的公共精神和理性参与的品质，在公共交往中缺乏合作意识，缺乏对多元文化和差异价值的承认和宽容态度，不善于做出必要的妥协，甚至不能理解这些公民品质。这导致我们的现实社会生活和网络社会生活中有时会出现对政府的民粹主义色彩的抱怨，对公共事务的愤恨。"我们如何让彼此满意而愉快地生活、同时又完整地保留个人及群体的差异、自身的许多身份特征得到认可和尊重，根本的解决方法是民主公民教育"，而"处于核心地位的是缔造共同生活的方

---

① 约翰·霍尔. 探寻公民社会 [C]. 何增科，译//何增科. 公民社会与第三部门. 北京：社会科学文献出版社，2000：52.

式并遵循其规则的意愿"。① 规则意识的形成与否和规则是自愿或是被迫遵守，关键在于是否有被广泛认同、协调平衡不同利益和包容不同价值理念的法律规则。这套法律规则是以公民对权力与权利、权利与权利、权利与义务的平衡观为基础建立起来的，并用于冲突的调试、行为的规制，用以建立起广为遵守的法治秩序。

因此，我国公民的法治教育需要进行公私领域两重框架的构建，使公民形成规则意识，对法律制度产生正确的认知。而法律规则的内化需要从公域和私域进行全方位的探索，从公域的角度来看，公民的民主参与能力对于法治进程的推进至关重要；从私域的角度来看，民主的政治参与是私权保护的基础和前提。公民参与实现了个体权利和公权力之间的平衡，理性参与政治生活实际上就是在为私权的保护奠定基础，因为公共领域中法律的制定以及国家重大决策的制定都是在公民的参与、协商、讨论、辩论过程中形成的，这个参与过程就是争取和捍卫本群体利益的过程。从私域的角度来看，通过各种利益主体之间在法律授权的范围内协商、平衡，做出利益调整，既实现了"私权自治"，又实现了法律对整个社会利益的有效调整，进而实现了法律的社会调整目的。这实际上比完全通过国家公权，也即行政权和司法权进行社会利益的调整要更高效，更能实现社会公平。"确切地说，这种自治权同样是一种法律权限，即一种法律授权当事人对某些利益平衡问题进行有法律效力的调整"②，但是，私域的自治空间以及平等主体之间的财产关系和人身关系在必要的时候也需要公权力的介入和调整，所以，公私领域是横纵交融的关系。在公民法治教育过程中，必须进行横纵交融的两重框架设计，公共领域与私人领域不是界限分别永

① 沃尔特·帕克. 美国小学社会与公民教育［M］. 谢竹艳，译. 南京：江苏教育出版社，2006：61.
② 莱因荷德·齐柏里乌斯. 法学导论［M］. 金振豹，译. 北京：中国政法大学出版社，2007：45.

不变更的隔绝状态，公民法治教育需要培养遵循公共空间与私人领域的制度规则，同时能够掌握公权与私权的动态平衡的法律意识和法治理念，从而对权力与权利、权利与权利、权利与义务进行正确的认知，并基于制度信任构建起符合法治精神的良好秩序状态。

二、公共生活中的公民参与

大体上，各种公民观都包含两方面的基本内容：一是公民和国家关系、公民和群体关系、国家和群体关系等的不同界定；二是实践中以上各种关系主体的权利（权力）和义务的行使与履行。因此，公民教育的内容就应该包括教育公民厘清以上各种关系的概念并学会正确在社会生活中处理和看待这些关系。美国社会科课程国家标准中也指出，公民教育的重心应该是培养公民的公共意识和参与能力，使公民能够对法律、对自己的权利有充分的认知，并且愿意、能够以理性的态度维护公共利益。"这意味着美国公民教育的功能目标已经转向培养主动参与公共生活的现代公民，教育的内容包括公民认知、参与技能与公共伦理三个维度。"① 因而当下中国公民法治教育为实现培养社会主义合格公民的目标，务必把民主参与能力和共同伦理培养作为教育的主要任务，使公民在政治、经济、文化和社会生活中具有参与相应相关立法和重大决策的能力，而且在参与过程中具有遵守共同伦理的理性精神。

（一）培养公民的理性参与能力

在法治进程不断推进的当代中国，公民精神必然包含着平等、自由、公平等价值追求和理念，同时也包括理性参与公共生活的行为能力和技能，而这些观念和能力的培养不仅需要观念引导，而且需要"实践养成和

---

① 杨海坤.美国公民教育课程模式研究［D］.武汉：中国地质大学，2014.

良法善治"①。

一是民主协商能力。目前，很多国家的治理都已经不再是政府在唱"独角戏"，"一些治理职能，正在由非源自政府的行为体所承担"②。随着治理理论在当代中国的实践展开以及"共建共治共享"发展战略的推进，国家与社会的良性互动已经成为当代中国治理的主旋律。党的十八大以来，协商民主逐渐广泛、多层、制度性展开，无论是在政治、经济、文化领域，还是在社会生活领域，公民都已经成为重要的参与主体和社会体制的创新主体。公民的民主协商能力直接决定相关决策和立法的质量，从当前现状来看，公民的民主协商能力还存在很多问题，不同阶层的公民协商能力不同，有的还缺乏理性。而且，随着数字时代的到来，数字素养成为影响公民协商能力的重要因素，因此，需要通过公民法治教育，根据当代中国的政治体制、经济体制、文化创新需要和社会结构，结合数字时代对数字公民的时代要求，培养具有公共精神并且能够理性参与公共生活的现代公民。

二是权利主张能力。公民身份和角色体现在公共与私人的"双重"生活之中，在公民主张权利的过程中，必然与公权力发生交集，而正确合理主张权利的能力则是防止公权力与私权利、公共利益与私人利益出现冲突的关键。对于具有公民精神的公民来说，"为权利而斗争不仅是法秩序成员的权利而且是其道义上的义务"，公民的公共精神品质要求"一个人有责任不仅为自己本人，而且为每一个履行义务的人要求人权和公民权"。③当前我国公民具有的权利主张意识不断觉醒，但是权利主张能力比较薄

① 关于进一步把社会主义核心价值观融入法治建设的指导意见 [N]. 人民日报，2016-12-26（1）.

② 詹姆斯·N. 罗西瑙. 没有政府的治理 [M]. 张胜军，刘小林，等译. 南昌：江西人民出版社，2001：4.

③ 马克思恩格斯全集：第16卷 [M]. 北京：人民出版社，1956：16.

弱，在实践中，经常出现缺乏合理合法依据主张权利的情形，因此，需要通过公民法治教育，培养公民权利主张的能力，才能推动公共参与法治秩序的形成。

三是权利维护能力。公民主张权利是在为权利的享有确定目标和范围，而权利维护则是通过一定的方式和手段使权利在现实生活中获得实现，当权利受到侵犯时，能够通过法定渠道进行救济。也就是说，现代国家与公民之间的关系决定了国家负有保护公民合法权益的义务，而作为公民，则需要以合法的方式维护自身的权利，从而在国家与公民之间形成良性互动关系，"谁不善于要求和做到使他的受托者完成他们对委托人所负的责任，谁就不配享受政治自由公民的称号"①，对于公民来讲，以正确的方式维护权利既是公民身份的体现，同时也是公民能力的展现。在改革开放以及现代化进程中，我国还存在很多不协调不充分发展引发的各种矛盾，公民在维权的过程中更多地体现了与公权力的直接对抗，缺乏理性维权意识，因此，需要通过公民法治教育，培养公民理性维权的能力，从而减少不必要的矛盾和冲突，并推进公权力与私权利之间的良性互动。

四是理性自律能力。马克思主义认为人民的"自我规定"是民主国家的制度形式，国家"必须实现法律的、伦理的、政治的自由，同时，个别公民服从国家的法律也就是服从自己本身理性的即人类理性的自然规律"②。如果"人们随心所欲地主张种类繁多的权利"，就会"阻碍他们认识自身的义务"。③ 法律是人民意志的体现，遵守法律就是在遵守自己制定的规范。作为公民，既要有理性主张和维护权利的能力，同时还需要自我

---

① 列宁. 列宁全集：第8卷［M］. 北京：人民出版社，1957：197.
② 马克思恩格斯全集：第1卷［M］. 北京：人民出版社，1965：129；马克思还指出，"不应该把国家建立在宗教的基础上，而应建立在自由理性的基础上。"（P129）
③ 沃纳·伯肯梅耶. 法治国家：德意志联邦共和国的法治［C］//约瑟夫·夏辛，容敏德. 法治. 阿登纳基金会，译. 北京：法律出版社，2005：26.

管理、自我克制、遵守法律，自觉履行法定义务。在当今的法治社会，只有公民自觉地遵守法律规则，才能推动法治秩序的生成。因此，需要通过公民法治教育，培养公民的理性自律能力，这不仅能够减少法治社会的运行成本，而且能够更好地实现公民的权利。

（二）培养公民的共同伦理

法治社会的发展进程验证了法治秩序的生成不能仅依靠法律的制定和执行，公民的共同伦理在法治秩序生产过程中具有不可忽视的作用。古希腊的苏格拉底"雅典公民之我"的伟大故事诠释了公民共同伦理的重要价值。① 民主政治其实就是公民共同伦理在国家政治生活中的具体体现。"如果所有公民的行为都仅以自利为导向，那么拥有民主、法治国家和自由秩序的社会就不可能存续。"② 当然，公民共同伦理并不能简单地与伦理道德等同，它内含着权利、自由、责任和公共精神，内含着对国家、社会和他人的义务，同时也包含着公民彼此之间的信任与合作。在当代西方社会，个人主义的异化导致了"道德无政府"状态，③ 由此出现了更多的权利之间的冲突。普特南（Putnam）认为，在公民精神缺失的地方，人们会对公共事务表现出冷漠的态度。每个人都只在乎自己的私利，正因如此，他们更担心别人会无法无天，只好求助于严刑酷律。在这样的环境下，每个人都会产生无力感，很难有获得感和幸福感。④ 相反，在公民精神发达的地方，则民主自由的法治秩序更容易生成。因此，应该教导公民具有高尚的

① 李普曼. 公共哲学的复兴［C］//刘军宁，编. 市场逻辑与国家观念. 北京：生活·读书·新知三联书店，1995：42.

② 米歇尔·鲍曼. 道德的市场［M］. 肖君，黄承业，译. 北京：中国社会科学出版社，2003：603.

③ 詹姆斯·布坎南. 自由、市场与国家［M］. 平新乔，莫扶民，译. 北京：生活·读书·新知三联书店，1989：160.

④ 罗伯特·D. 普特南. 繁荣的社群：社会资本与公生活［C］. 杨蓉，译//李惠斌，杨雪冬. 社会资本与社会发展. 北京：社会科学文献出版社，2000：157.

人格和礼仪，能够进行理性的思考，要从内心认同民主、法治、公共利益、自由等社会价值；应该具备批判能力，能够用法律或协商的方式解决问题，懂得维护自己的权利和尊重他人的权利；尊重差异、认同差异平等，具有合作精神和容忍态度；坚持言论上的自由就如伏尔泰那句众所周知的民主宣言："我不同意你的说法，但我会誓死捍卫你这么说的权利。"这是对现代社会公民共同伦理的基本要求。在我国，随着网络的发展，公民表达的渠道不断拓宽，但一些网民共同伦理缺失，由此出现了网络暴力、"民意"左右司法审判等问题，这不仅构成了对他人权利的侵犯，也严重影响了社会秩序，因此，需要通过公民法治教育，培养公民的共同伦理，为当代中国法治秩序的生成提供现代伦理支撑。

三、私人生活中的行为尺度

从人性的角度来看，每个人都具有趋利避害的本性，从经济学的角度来看，每个人都在追逐利益的最大化，那么，就需要合理界定私人生活中的行为尺度，以平衡私人利益，进而形成一种规则秩序。因此，公民法治教育模式的构建必须注重私人生活中对行为尺度的界定。2021 年 1 月 1 日《中华人民共和国民法典》正式实施，使我国公民之间的人身关系和财产关系有了具有时代特色和中国特色的民法典的调整，为私人生活领域关系调整提供了比较完善的制度框架。"民法不同于必须凭借公权力'强制实施'的公法，是从'人们社会生活经验中演化出来'的'既有生活习惯、伦理规范、良好礼貌、优良风俗、商业习惯'等的国家编纂，是一种生发于人们社会生活的内生制度。"① 虽然私法领域的相关立法不断完善，但是私法领域的人身关系和财产关系的法治秩序的形成还需要公民精神的培

---

① 陶青德. 从"民法精神"切入：打开《民法典》的恰当方式［J］. 甘肃理论学刊，
    2020（4）：5-14.

育，因此，需要在公民法治教育中合理框定私人生活中的行为尺度，以加速私法领域法治秩序的形成。

（一）将诚信观念作为公民法治教育的重要内容

诚实信用原则是私法的基本原则，同时也是公民道德素养的基本要求，更是我国社会主义核心价值观的重要内容。众所周知，在我国的传统社会，基于宗法制度所形成的熟人社会关系中，人与人之间是一种基于血缘所形成的深度信任关系，但是，随着传统社会向现代社会的转型，人们进入陌生人社会，人与人之间的交往模式出现松散化，人与人之间的关系呈现不确定性。而且，由于市场经济的发展、多元价值观的碰撞以及正式规范与非正式规范的冲突导致一定程度的"规范迷乱"，人与人之间出现一定的疏离，社会信任缺失导致一定的社会失序。因此，在陌生人社会中，稳定的法律制度成为人们之间建立信任关系的纽带。在私法领域，如果人们之间缺乏必要的诚实信用，那么，平等主体间的合作与交易都无法顺利进行，各种不信任以及欺诈将使私法领域陷入混乱。因此，民法典中诚信原则的内化对于重建人们之间的社会信任至关重要，这就决定了将诚信内化于心是公民法治教育的重要使命之一。通过公民法治教育培养公民的诚实信用精神，以此推进私法领域的诚信体系的构建和完善，进而有助于构建私法领域平等主体之间的财产关系和人身关系的和谐秩序。

（二）将公平原则作为公民法治教育的核心之一

公平是法治社会追求的核心目标之一，在法治建设过程中，社会的公平程度成为衡量其建设水平的关键指数。在现代西方法治文明中，公平始终是商品经济发展的重要价值，也是推动商品经济发展的重要动力。"虽然民族文化的差异很大，但核心部分是相互重叠的，这些核心价值和终极目标都是敞开的，是人类所共同追求的"①，公平原则同样也是中国民众的重要价值诉求，尤其是在社会主义国家的建设过程中，我们强调每个人都能够有获得感、幸福感和安全感，每个人都有机会参与中国的改革与发展，同时，每个人也都有机会获取改革与发展的成果，实现真正的"共享"。那么，在私法领域，财产关系和人身关系是在平等主体之间构建的，尤其是在社会主义市场经济发展过程中，公平的、建立在增量基础上的先富起来是社会主义本质的必然要求，一部分人先富绝不能建立在另一部分人贫穷的基础上。公平原则是公民必须坚持的原则，是在平等主体之间建立稳定秩序的重要规则，也是市场经济得以有序运行的重要条件，更是每个人依法进行的市场交易行为获得应有的收益的重要保证。那么，在公民法治教育过程中，必须引导公民重视公平精神、重要的个人价值和社会价值及其对法治秩序建构的重要意义。

（三）将平等理念作为公民法治教育的重要价值追求

"民事权利平等是调整人们社会生活的内生制度的一般事实状态的反映，更是市场对资源配置起决定性作用的经济形态的本质要求。"② 私域空间最重要的特征是主体间的平等，同时需要强调的是，私法领域的平等不仅仅是简单的机会的平等，更不是简单的"丛林规则"，而是强调对社会弱势群体的保护。私法在调整平等主体之间关系的时候，"必须关心人们具体的生活，而不是抽象的生活"③。"整个私法现在似乎超越了保障个人自决的目标，而要服务于社会正义的实现：'这样，对公民生存的确保、

---

① 许纪霖．普世文明，还是中国价值？：近十年中国的历史主义思潮［J］．开放时代，2010（5）：66-82．

② 陶青德．从"民法精神"切入：打开《民法典》的恰当方式［J］．甘肃理论学刊，2020（4）：5-14．

③ 伯纳德·施瓦茨．美国法律史［M］．王军，洪德，杨静辉，译．北京：中国政法大学出版社，1990：245．

对弱者的保护，即使在私法中也获得了与追随个人利益同样的地位。'"①在法治社会，平等不是仅仅表现为形式平等，同时还要追求实质平等，"矫正正义和分配正义不是对私法交易和分配各自外在的强加。它们却是正当理由的结构，并存在于这两种关系的内部"②。"矫正正义认为当事人在其直接的交互作用中具有内在的平等"③，也就是说，一个社会对利益分配的正义原则以及对弱势群体的关照程度是衡量这个国家法治程度的重要指标。当前，有些民众对于法律中所规定的一些群体，如少数民族、女性、残疾人等的特殊保护表示不解，认为违反了平等原则，所以，私法领域公民法治教育的重点在于将平等理念贯彻到公民当中，防止出现弱肉强食，通过法律制度的调整，实现实质的平等，从而使平等的法治理念在现实中得以彰显。

（四）将契约精神作为公民法治教育的重要标尺

契约精神是西方文明的主导性精神，在当代社会，契约精神是市场经济健康有序运转的核心精神。在当代中国，尤其是随着网络信息技术的发展，契约精神显得尤为重要。契约精神要求签约各方按照约定行使权利并履行相关的义务，但有些商家为了追逐商业利益，单方面修改规则，这种短视的行为不仅使消费者的利益严重受损，而且导致整个商业的信誉遭到破坏。众所周知，为了推广市场，一些 APP 利用各种方式吸引用户，当用户达到一定数量后，"精品课贬值为廉价的'口水课'、终身 VIP 变成普通用户、购物抵扣金的打折幅度缩水、强制游戏玩家领取卡牌、VIP 条款之

① 哈贝马斯. 在事实与规范之间 [M]. 童世骏，译. 北京：生活·读书·新知三联书店，2003：495-496.
② 欧内斯特·J. 温里布. 私法的理念 [M]. 徐爱国，译. 北京：北京大学出版社，2007：222.
③ 欧内斯特·J. 温里布. 私法的理念 [M]. 徐爱国，译. 北京：北京大学出版社，2007：225.

外增设'VVIP'条款……诸如此类的 APP 规则'变脸'层出不穷"①。这些涉嫌虚假宣传或欺诈消费者的行为的出现根本原因在于契约精神的缺失。当然，契约精神并不意味着遵守霸王条款，而是在自由、平等的基础上信守合同约定。"如果只让不受限制的契约自由得到通行，那么，在实际的现实生活中，正是根据他被允许订立的契约，个人可能要被迫与所有真正的自由绝缘。"② 而且，对处于绝对弱势地位，甚至生计都难以维持的人谈契约自由，无异于水中月、镜中花，完全没有意义，因为不管怎样，他首先要拿到维持生计必需的报酬。因此，契约精神不是完全的契约自由，而是需要国家制定法律制度进行宏观调控，"每个人都必须尊重其他人的自主性，也因此权利包括了互惠关系：我享有我的权利，亦必须容许你享有你的权利"。因此，应通过公民法治教育培养公民的契约精神，维护正常的市场经济秩序。

第四节　制度理念的层级安排

公民的法治素养不是一朝一夕可以养成的，所以，公民法治教育要具有连续性与可持续性。《大纲》要求将公民法治教育纳入国民教育系列，那么，在国民教育中，公民法治教育模式在内容设计和理念培育方面应体现层级性，循序渐进，保证培养出具有敬畏宪法，具有制度认知和法治理念的合格公民；对法治素养的培养要求和标准也应按照不同的教育对象体现层级性，并且将公民法治教育贯穿学校教育的全过程。

---

① 江德斌. APP 条款频"变脸"违背契约精神［N］. 民主与法制时报，2020-07-11（2）.

② 伯纳德·施瓦茨. 美国法律史［M］. 王军，洪德，杨静辉，译. 北京：中国政法大学出版社，1990：171.

一、以宪法教育为核心

宪法作为国家的根本大法，是我国依法治国的基础，也是培养公民法治素养和公民性品格的基础，合格的公民必须有敬畏宪法、信仰宪法的精神，一个国家法治秩序的构建也必须以树立宪法的权威为根本，因此，公民法治教育必须以宪法教育为核心。

（一）宪法教育是培养公民法治素养的源泉

公民法治素养是推进法治进程的内在动力，众所周知，在中国特色社会主义法律体系中，宪法作为国家的根本大法，是政治民主化的结果。我国宪法规定了国家的性质，规定了执政党的领导地位，规定了人民的主权者地位，宪法的核心内容是对权利的保护和对权力的约束，"宪法塑造了社会和国家的基本关切，反映了民众的基本诉求，体现了时代的基本价值，承载了发展的基本趋势。在此意义上，一部宪法就是一国法律体系的浓缩精华和真实写照"①。我国宪法中关于国家性质的规定，关于国家象征的规定是培养公民爱国情感的源泉，关于国家政权组织形式、选举权等规定是培养公民国家政治生活参与意识的最高法律依据，我国宪法对公民基本权利的保护能够培养公民的权利维护意识，宪法关于国家机构的权力界限的规定是培养公民权力监督意识的根本法依据，而公民基本义务的规定则是培养公民守法意识的根本法依据，以上法治意识的培养是公民法治素养的重要组成部分。也就是说，在公民法治教育中，以宪法教育为核心，关注宪法教育的重要性，能够使公民从宪法的学习中强化法治意识，是提高法治素养和公民品格的关键所在。

（二）宪法教育是国家秩序建构的根基

宪法是国家治理合法性的基础，宪法的核心目标是建构一个体现法治

① 杨春福. 论法治秩序 [J]. 法学评论，2011 (6)：3-8.

价值追求和民主理念的秩序社会。作为根本大法，宪法的最高地位体现在其本身出自最高的权力机关及最严格的制定程序，对其他法律的制定与实施、对人们的行为都起着指导和约束的作用。宪法通过确定公民基本权利空间以及国家权力行使界限，为公权力的行使和公民权利的保护提供了合法性基础，为人权的保护提供了根本法依据。改革开放以来，国家与社会的共同治理的理论推进与实践展开也是以宪法为根本法依据，也就是说，宪法以根本法的地位构建了国家与社会、国家与公民之间的关系，尤其是我国宪法中对人民当家作主地位的规定以及对公民基本权利的规定成为国家治理的合法性基础。随着市场经济的发展，全球化进程的加快，中国出现了价值观的多样化，多种价值观之间相互碰撞、冲突，而宪法所确定的基本原则和指导思想则是多元价值观整合的根本法依据，是坚持社会主义制度，坚持党的领导以及坚持人民当家作主的制度根基。"宪法作为国家根本法，在历史中造就，维系着一个国家的基本认同。它不是一个一成不变的概念或只是文本，而是构建法治秩序的基础，并在社会变迁中不断推进国家向前发展。在利益格局多元、结构高度复杂、充满不确定性的现代社会，宪法是实现国家认同，促进社会整合的根本法依据"①，所以说，在法治社会中，宪法教育是保证公民对宪法的正确认知并培养对宪法信仰的关键，更是构建国家秩序的根基。

（三）宪法教育是实现国家整合的制度性平台

我国是一个多民族的国家，民族团结是实现国家稳定秩序的前提。在我国，宪法是国家机构产生的依据和合法性来源，还是各民族基于利益的一致性和共同的政治认同而通过法律程序形成的共识。因此，以政治共识为基础的宪法成为各民族和谐共处的制度平台，使各民族的不同利益、不同文化都能够得到尊重和维护。宪法为各族人民一致遵守的行为规范，是

---

① 韩大元. 弘扬宪法精神 增强宪法自信［N］. 检察日报，2020-12-04（3）.

我国各民族共同治理国家的制度基础。宪法之所以具有权威性，就是因为它是公民之间对不同利益、立场进行平衡而达成的政治约定。改革开放后，经济的发展使人民的生活水平显著提高，但是，还存在贫富差距和利益结构失衡的问题，而宪法则以根本法的地位通过利益平衡，实现权威认同，并确定了国家的政治制度、经济制度、文化制度和社会制度，因此，"强化国家认同的根本途径是树立和维护宪法权威，实现权威认同"①。在我国，宪法以根本法的形式进行利益结构的平衡，使不同职业、不同阶层的公民都能够从改革开放中获取红利，通过制度设计，宪法人为地建构了不同民族、不同地域、不同背景和不同身份的人组成的政治共同体，并以规范和制度的形式保障他们的利益、尊重他们的文化和主张、凝聚他们对共同体的忠诚和热爱。也就是说，宪法作为国家的根本大法，以其最高的法律效力保证利益结构的平衡，通过利益整合和利益关系的平衡以消除各种潜在的矛盾和冲突，其在社会运行中起实质作用。通过进行宪法教育，实现国家有效整合。

（四）宪法教育是国家法律体系和谐统一的基础

宪法作为根本大法，是其他法律的制定依据，社会主义法律体系是以宪法为核心构建的，依法治国的前提是依宪治国，中国共产党依法执政的前提同样是依宪执政，宪法在当代中国的治理体系中居于至高无上的地位。在法治建设过程中，宪法是统领其他部门法并实现制度整合的基石，其他法律是依据宪法的基本原则与基本精神制定的，不得与宪法相抵触，部门法是对宪法基本原则和基本精神的具体化，例如宪法中的"尊重和保护人权"是指引部门法保护公民基本权利的上位法依据，也是保证部门法的良善品质的制度根据。以宪法为基础进行部门立法不但能保证各法律部

---

① 周光辉，刘向东. 全球化时代发展中国家的国家认同危机及治理［J］. 中国社会科学，2013（9）：40-54.

门之间以及具体的法律规则与法律条文之间保持内在的和谐统一，而且是保证以"良法"实现"善治"的重要条件。在改革与发展的过程中，中国特色社会主义道路面临各种各样新问题的挑战，需要党和国家针对我国的历史传统和现实国情以及各种具体情况进行顶层设计，并将这些顶层设计通过法定程序上升为宪法，进而以宪法为根本法不断进行部门法的完善，从而逐渐形成既具有中国特色又具有实际效能的法律体系。因此，宪法教育是使公民养成以宪法为核心的法律体系和谐统一的观念，也是避免违宪的重要环节。

　　基于以上宪法教育的重要价值，在公民法治教育过程中，必须以宪法为核心进行公民性培养，培育公民的权利保护意识和权力制约精神，并进一步拓展到对部门法法律知识和法治理念的培育。近年来，国家和社会对宪法的宣传非常重视，党的十八大以来，宪法作为根本法受到了以习近平同志为核心的党中央的高度重视，宪法日以及宪法宣誓制度的确立都充分体现了宪法理念、宪法知识宣传在实践中的展现。为了落实《青少年法治教育大纲》的要求，2016—2020 年，已经开展了五届全国学生"学宪法、讲宪法"大奖赛。在将来的宪法教育过程中，应当将宪法教育常态化，使"依宪治国""宪法是国家的根本大法"的理念深入人心。以宪法为核心的法治教育同时必须在法律制定和实施的过程中体现宪法的权威性，部门法的制定必须明确写明制定的宪法依据，法律的实施也必须与宪法的基本原则和精神相一致。从党的领导的角度来看，依法执政的前提是依宪执政，党的领导必须在宪法的框架下进行，这些基本理念的宣传与弘扬都是以宪法为核心的公民法治教育的重点内容。在进行以宪法为核心的法治教育的同时，进行部门法法律知识、法律原则、法律制度和法律理念的学习，从而为公民塑造完整的公民精神。

二、层级化的内容安排

对于学校教育来说，法治教育只有融入学校教育的各个阶段，按照青少年在不同成长时期的认知水平、行为能力和心理特点，分阶段设置不同教育目标、安排不同教育内容、使用不同教育方法，才能最终实现青少年法治观念和法律意识的全面提高。

从公民法治教育内容安排来看，《大纲》将公民法治教育纳入国民教育体系，公民法治教育应该是全方位的法治教育，包括法律常识、法律制度、法治原则、法治理念。同时，法律常识、法律制度、法治原则和法治理念又分别处于公民法治教育的不同层次。《大纲》分别对义务教育阶段、高中阶段和高等教育阶段学生法治课程的内容设置以及目标和要求进行详细的规定。其中义务教育阶段的小学低年级主要是认知国家象征和标志，从小培养爱国主义情感，"在政治社会化领域的研究表明，儿童大约在4~7岁的年龄就发展出了清晰的国家认同感，这一认同化的过程看起来主要是通过象征而获得的，特别是通过旗帜——经常与其他国家的旗帜对照"①。小学阶段可以说是法律思维形成的初级阶段，该阶段主要是对学生进行法治启蒙，培养小学生的规则意识、爱国情感、诚信意识等。那么，根据小学低年级学生的认知水平，进行爱国主义情感的培养以及基本法律常识的初步认知是符合教育规律的。也就是说，在小学低年级阶段法治教育的内容主要是可以直接感知的法律常识，内容是可以具象化的而非抽象化的。小学高年级主要是对宪法的地位和权威、国家基本的政治制度、国家机构、领土等初步的认知，初步了解公民的基本权利和义务以及基本的法律制度；该阶段虽然也是对基本法律常识和重要法律制度的讲授和体

---

① 德里克·希特. 公民身份：世界史、政治学与教育学中的公民理想［M］. 郭台辉，余慧元，译. 长春：吉林出版集团有限责任公司，2010：269.

验，但内容相对来说比较抽象；该阶段也是培养公民法治思维的起步阶段。初中阶段主要是深化宪法教育，初步了解重要的法治原则以及加深对社会生活中违法行为的认知，初步了解我国的司法原则；该阶段是在法治启蒙的基础上，培养学生辨别是非的能力以及权利保护能力和社会参与能力；该阶段对学生的法治教育内容上升为法治原则；该阶段是学生法治思维形成的关键阶段，是将法律常识和法律制度内化为自身行为的重要阶段。高中教育阶段的教学内容是在义务教育基础上对法律常识、法律制度的内容进行全面拓展，注重法治意识的培养；该阶段主要是进一步提高学生掌握中国特色社会主义法律体系的基本框架以及权利保护和义务履行的意识，增强法治观念；该阶段的法治教育主要是学生对法治原则的更为深刻的理解，同时，注重将法律制度、法治原则提升为法治理念；该阶段是法治理念初步形成阶段，通过对宪法的地位、国家的法律体系以及权利和权力的正确认知指导自己的行为，同时有依法评价他人行为的能力。高等教育阶段主要是要求非法律专业的学生掌握法治国家的基本原理，理解法治的基本理念和核心原则以及重要的法律规范，注重应用法律解决问题的意识和能力的培养，进一步深化学生对法律制度、法治思维、法治理念的认知，强化法治实践技能，为步入社会成为合格的公民打下坚实的基础。可以说，高等教育阶段是对在高中教育阶段形成的法治理念进一步强化的过程，该阶段的教学内容相对来说也更为复杂和深入，该阶段学生学习成绩的好坏是决定学生步入社会后能否有能力参与国家政治生活以及在私法领域合理地行使权利和履行义务的关键。从《大纲》的内容设置来看，对处于不同教育阶段的学生具有不同的法治教育目标和要求，对公民的法治教育内容的设置是根据学生的认知水平和接受能力而确定的，对公民能力的培养是一个螺旋上升的过程。

从公民法治教育方式的选择来看，法治教育方式要体现多样性，不同的受教育主体采取不同的方式；在内容上，不同的受教育主体应该差别对待，针对不同对象进行具体内容设计，既包括理论层面，也包括时间层面。此外，选择教育平台要注重多元性，既包括传统的教室，也包括现在的网络技术平台。教学方式应该符合教育内容的设置，对于低年级的学生来说，主要的教学目标是基本法律常识的认知和基本法律制度的了解，除了进行法治课程的理论教学之外，应该更多地以低年级学生能够领悟的案例进行教学，案例要与低年级学生生活密切相关，通过鲜活的案例进行法治启蒙，同时也通过参观等方式强化对法律的感知。对于初中和高中学生的法治教育，在教学方式上应迎合青春期孩子的兴趣爱好，除了课堂的教学外，可以充分利用现代信息技术，借助学生喜闻乐见的方式在抖音、快手、短视频、B站等平台进行普法宣传活动，通过典型案例向公民传播基本的法律常识，通过多种教育方式增强学生对法律制度的了解和掌握，提高知法用法的能力。对于高等教育的非法学专业学生来说，除了法治教育课程外，应该组织学生参与社会实践，通过执法、司法中的体验，让学生切身感受到公平正义，感受到法律在保护个体权利以及制约国家权力中的强大力量，从而使学生掌握法治的基本原则。强化司法审判典型案例对学生的法治教育作用，目前，一些典型案件在审判的时候进行网络直播，观看真实案例的审判过程，不但起到普及法律知识的作用，同时也彰显了司法正义，强化了学生的法治理念。

三、贯穿学校教育全过程

公民法治教育不同于普法，普法可以使社会公众在短期内掌握一些基本的法律制度，可以使公民基于对法律的威慑力而遵守法律，但是，公民法治教育不是简单教育公民守法，而是使公民成为一个具有理性参与国家政治生活、对权利义务具有正确认知的拥有法治理念的社会主体，因此，公民性品格不是一朝一夕能够形成的，更不是通过短暂的法律知识的普及就可以实现的，而是一个长期的过程。公民法治教育也不是靠短期的普法就能够达到预期目标的，《法治社会建设实施纲要（2020-2025年）》指出，培养社会主义合格公民任务艰巨，要求循序渐进、潜移默化，逐步使尊法学法守法用法成为公民的共同追求和自觉行动。因此，若培育出法治社会所需要的法治精神特质，就需要将公民法治教育纳入国民教育体系，并贯穿学校教育全过程。

教育界通行的观点认为，公民教育应在连续性框架下进行。所以，公民教育应该有以下三个层次：通过公民知识教育作为"有关公民的教育"、注重公民行为养成的"通过公民的教育"、为了提升公民职责能力的"为了公民的教育"。① 这一"连续性框架"包含着知识、行为和技能等要素，在我国国民教育体系中，从小学阶段、初中阶段、高中阶段到高等教育阶段，法治教育应该是连续性的，在不同阶段对受教育对象进行不同层次的公民法治教育，有助于学生掌握公民基本知识、养成公民行为和提高公民职责能力。

（一）"有关公民的教育"

"有关公民的教育"是公民教育的基础环节，即通过教育是公民获取作为公民应该获取的知识，并为将来的公民行为养成和公民能力培养提供基础性的支撑。获取公民知识是公民的权利也是义务，对于国家来说，国家的任务和责任是通过合理健全的渠道和途径使公民获取相关的公民知识。随着现代传播技术的发展，公民可以通过各种方式获取知识，但是，现代传播方式的"碎片化"导致公民接受的相关知识也呈现碎片化。学校公民法治教育能够通过课堂教育进行公民知识的传授，系统性、完整性与

---

① KERR D. Citizenship Education：An International Comparison ［C］//LAWTON D, CAIRNS J, GARDNER R. Education for Citizenship，Continuum，2000：200-227.

连续性是学校进行公民教育的最大优势。针对学校在公民法治教育中的时代使命，学校应该首先将公民法治知识的传授作为教学重点，进行法治知识相关课程的设计，确定并保证在上法治教育课时，配备合格的法治教育教师，将法治教育课程设计与课时的保证作为学校评估的重要指标。公民知识的学习和掌握主要是在小学低年级进行基本法律知识的普及，该阶段学生的权利和义务都是由监护人代为行使或履行的，所以，该阶段的公民教育目标是了解相关法律知识，进行法治启蒙，该阶段的学习主要是对法律制度的初步认知，逐渐形成规则意识。

（二）"通过公民的教育"

公民行为养成对一个国家而言，无疑是至关重要的。在现代国家中，民主法治制度下的公民既是被统治者也是统治者，人民主权意味着公民在服从法律的同时也是在服从自己。所以"必须实现法律的、伦理的、政治的自由，同时，个别公民服从国家的法律也就是服从自己本身理性的即人类理性的自然规律"[①]。在民主法治秩序中生活的人们会意识到，自己与他人是相互依赖、相互交换尊重权利和履行义务的关系，因为法治秩序"只有通过人们普遍接受和维持的规则与习俗才能得到保持"[②]，因此，在这个过程中人们便接受尊重法律、尊重差异、守法的思想和行为模式，在公共事务中便能够成为自觉遵守法律、热心参与公共事务和承担公共责任的理性自律、具有公共精神的公民。从公民的行为养成来看，法律是对行为的规范与约束，合格的公民最重要的特征是其行为与善法保持一致性。学校可以在法治启蒙的基础上，通过实践教学的方式促进学生将法律制度内化于心，外化于行。还应该通过营造良好的氛围促成公民法治行为的养成。

---

① 马克思恩格斯全集：第 1 卷 [M]. 北京：人民出版社，1965：129.
② 安东尼·阿巴拉斯特. 西方自由主义的兴衰 [M]. 曹海军，译. 长春：吉林人民出版社，2004：103.

既然我们认为《大纲》的公布意味着我国法治启蒙工程真正意义上的展开，那就应该完成校园和社会环境的重塑，营造法治环境。公民法治教育课程固然重要，但如果作为被教育者的公民不能生活在有民主法治氛围的班级、校园和社区，那么即使再好的课程设置也难有说服力，更不可能创造良好的法治教育实践环境，公民法治教育终难全部落到实处。因此，在小学高年级以及初中阶段和高中阶段，应该首先构建法治的生活方式，注重学生行为的法律引导；在高等教育阶段，可以为学生提供民主实践机会和场所，使公民养成按照规则行使权利和履行义务的习惯。公民行为不仅包括物理世界的行为，还包括虚拟世界的行为。我们要做到：在物理世界依法行使权利，履行义务；在网络中培养符合公民精神的行为意识，理性参与网络生活，不得在网络中侵犯他人隐私，杜绝实施网络违法行为，成为数字化领域中具有相应的法治素养的合格的数字公民。

（三）"为了公民的教育"

提升公民职责能力是现代中国公民教育的重要环节，关系着公民精神和公民性品格的塑造。党的十八大以来，随着治理理论的实践展开，公民在国家治理中的地位越来越重要，公民的职责能力与治理效果及共建共治共享目标的实现关系密切，"一个公民需要理解，他的角色包括地位、忠诚感、职责担当、权利享有，但重要的并不是与作为一个人的联系，而是与一种抽象概念即国家的联系"①，有责任、有担当、有使命感的公民才能够根据自己在国家中的角色定位认真履行其职责。在民主法治社会，公民参与国家政治生活有助于民主实现，同时也能够提升公民职责能力，如有学者论述地方民主参与的公民教育作用："地方民主是全国民主的学校，也是确保全国民主的安全阀，人们唯有经由地方自治的参与学习，他的思

---

① 德里克·希特.公民身份：世界史、政治学与教育学中的公民理想［M］.郭台辉，余慧元，译.长春：吉林出版集团有限责任公司，2010：4.

想、能力才能得到适当的锻炼，而更重要的是使人民养成一种习惯。"同时这"也是培养爱国心和公民精神的最佳方式"①。在公民职责能力提高的过程中，最重要的是培养公民参与公共事务的自信，使其能够以国家主人翁的姿态参与国家治理。在公共参与中，公民能够自信地提出并论证自己的观点，公民还必须具有批判的精神和能力，对于公共政策和信息以及其他观点，进行合理质疑，一旦支持这一观点的证据充分或立场十分正确，也能够理性地接纳和承认。公民的职责能力不是自然形成的，而是通过教育并伴随着年龄的增长与认知能力的增强逐渐养成的，尤其是在当今的网络时代，培养数字公民成为重要的时代课题，例如新加坡，学校为7—18岁的公民开设网络健康课程，以培养公民的网络安全意识，理性参与网络表达的意识和能力等，从而"用终身受益的社会情感、能力及稳定的价值观武装学生，以使他们成为安全、体面和负责任的信息技术使用者"②。所以，公民责任能力的培养要贯穿学校教育全过程，通过不同阶段的教育目标的设定逐渐培养公民的职责能力。

总之，公民法治教育应该是连续的，公民的法律知识、法律行为以及职责能力的培养是塑造公民品格的基石，是逐渐递进的过程。公民品格的培养是一个系统的工程，短期普法是无法实现公民精神的养成的，这就决定了公民法治教育必须贯穿于学校教育的全过程。

---

① 张福建．参与和公民精神的养成［C］//许纪霖．公共性与公民观．南京：江苏人民出版社，2006：249.

② UNESCO B. A Policy Review：Building Digital Citizenship in Asia-Pacific through Safe Effective and Responsible Use of ICT［R/OL］. UNESCO Bangkok Office，2016-12-06.

本章小结

根据党的十九大的战略部署以及《青少年法治教育大纲》和《法治社会建设实施纲要（2020-2025年）》规划的总体目标，为了进一步推进我国的法治进程，建设法治国家、法治政府和法治社会，需要构建与当代中国的历史传统和现实国情相适应的公民法治教育模式。公民法治教育的中国模式具体体现为："一核多元"为价值主线、结构平衡的权义定位、公私领域的两重框架以及制度理念的层级安排。首先，"一核多元"的价值主线是指以社会主义核心价值观为主线，同时体现多元融合的民主法治理念，并在社会主义核心价值观与多元的民主法治理念之间实现内在的整合；其次，结构平衡的权义定位要求祛除"臣民观念"，形成独立人，祛除"私民"意识，成为"好公民"，在公民法治教育中确立权力与权利的平衡、权利与权利的平衡以及权利与义务的平衡观念；再次，公私领域的两重框架体现为，通过法治教育，公民不仅能够在国家的民主政治生活中积极理性地参与国家治理，而且，在市场经济中能够与其他平等主体之间基于相关的法律制度形成和谐有序的财产关系和人身关系；最后，制度理念的层级安排要求公民法治教育必须以宪法教育为核心，根据受教育者的年龄和认知程度，进行层级化的内容安排，而且需要循序渐进，贯彻学习教育的全过程，以此来培养、塑造与中国特色社会主义法治相匹配的公民品格。

第四章

公民法治教育的功能机制与实现路径

改革开放后，我国的综合国力不断增强，公民的安全感、获得感以及幸福感也在不断增强，但与此同时，我们也面临国际上的各种压力以及国内的各种冲突与矛盾。公民法治教育在应对国际与国内各种挑战的过程中具有重要的功能，其中，公民法治教育的核心功能是对国家、制度与文化的认同与接纳，同时，公民法治教育在我国的法治进程中发挥着导引功能、耦合功能、驱动功能与反思功能。充分发挥公民法治教育功能，需要多方协同的实施路径，公民法治教育为我国法治进程的推进以及综合国力的提高提供精神动力。

第一节　认同与接纳：公民法治教育的核心功能

公民对国家的认同、对本国现行制度的认同和对本国文化的认同，成为现代化国家社会秩序有效运行的观念基础，同时也是公民法治教育中最为强调的关键的核心内容。现代国家要想实现形式与实质上的统一，并实现稳定运行和持续发展，就必须以认同与接纳为精神纽带和内在动力。这对于国家而言，国家认同、制度认同与文化认同是国家的向心力与凝聚力的精神所在，面对全球化的发展趋势，国家认同、制度认同与文化认同能够在域外多元文化的冲突、碰撞下，对其进行融合，以保持国家在国际上的稳定性与影响力以及文化软实力；对于公民个人来说，国家认同、制度认同与文化认同决定着公民个人对国家的心理依赖和归属感，是一种深层次的心理需求和满足感。"每个国家都应当享有自由选择法治具体模式的权利，以实践其法治理念"①，作为一个正在崛起的大国，我们应该通过公民法治教育使学生认同并接纳我们的国家性质、制度体系与文化传统。

一、国家认同

国家认同是社会公众从个体到共同体的一种心理归属现象，任何一个国家都以公民对其认同为其稳定与发展的基础，尤其是多民族的国家，国家认同是防止国家分裂、提高民族凝聚力的重要条件，因此，各个国家也都将国家认同作为公民教育的重要内容。实际上，美国在公民教育上特别注重国家认同，"没有哪个国家比美国承担了更为复杂的民族同化任务……许多移民在寻求安全和社会认同的过程中，面临相反的民族吸引力：撤回到他自己的舒适的种族亚群体，或是追求作为'百分之百的美国人'的完全同化"②，"对于相同年龄的群体来说，国家提供的学校教育体制努力反复灌输百分之百属于美国制造的知识和立场"③。"到 20 世纪伊始为止，西方大多数国家的学校都传授了一定数量的知识以及有助于形成特定公民身份的各种意识"④，可见，各个国家将国家认同作为公民教育的重点，其目的当然是通过国家认同来凝聚共识，并维护国家的稳定秩序。

---

① 胜雅律. 不同法治文明间的对话：在"法治与 21 世纪"国际学术研讨会闭幕式上的发言 [C]. 党生翠，译//夏勇，李林，丽狄娅·芭斯塔·弗莱纳. 法治与 21 世纪. 北京：社会科学文献出版社，2004：296.
② 德里克·希特. 公民身份：世界史、政治学与教育学中的公民理想 [M]. 郭台辉，余慧元，译. 长春：吉林出版集团有限责任公司，2010：92.
③ 德里克·希特. 公民身份：世界史、政治学与教育学中的公民理想 [M]. 郭台辉，余慧元，译. 长春：吉林出版集团有限责任公司，2010：93.
④ 德里克·希特. 公民身份：世界史、政治学与教育学中的公民理想 [M]. 郭台辉，余慧元，译. 长春：吉林出版集团有限责任公司，2010：92.

　　中国作为一个多民族的国家的政治共同体，"是依靠不同族群成员的共同参与，通过相互承认而组成"①。"国家认同体现出个体与集体、国内与国际的双重维度。就国内维度而言，国家认同是国民归属感及为国奉献的心理和行为，是国家凝聚力、向心力的重要表现，是国家治理合法性的重要来源。从国际维度看，国家认同关乎一个国家相对于国际社会的定位与角色。"② 对于中国来讲，国家认同更为重要，"在现阶段，中国面临着全球化外力推动及社会内在转型的双向互动，在'全球化背景下的社会转型'这一双重时空坐标中，国家认同所遭遇的挑战更为严峻"③。从国内角度来看，"中国正在经历从传统社会向现代社会的转型，历史上很少有国家在经济、政治、文化、社会等如此广泛的领域同时进行如此巨大的转型过程，这种深刻的转型势必要经历极为深刻的社会阵痛"④。而在这一过程中，经济领域利益结构的失衡，政治领域权力腐败带来的社会影响，文化领域多元价值观的冲突与撕裂，社会领域民生问题面临的各种困境，这些社会问题随着互联网的传播而无限放大，从而使国家认同面临各种危机。作为多民族国家，国家共同体内部组成成员的 56 个民族之间，在文化、价值选择等方面的交流交融还存在一定的差异与冲突，而且，在境外敌对势力的鼓动下，可能会扩大民族间的矛盾，从而弱化少数民族的国家认同。从国际角度来看，改革开放后，中国逐渐被纳入全球化体系当中，"全球

① 周光辉，刘向东. 全球化时代发展中国家的国家认同危机及治理［J］. 中国社会科学，2013（9）：40-54.

② 门洪华. 两个大局视角下的中国国家认同变迁：1982—2012［J］. 中国社会科学，2013（9）：54-66.

③ 金太军，姚虎. 国家认同：全球化视野下的结构性分析［J］. 中国社会科学，2014（6）：4-23，206.

④ 金太军，姚虎. 国家认同：全球化视野下的结构性分析［J］. 中国社会科学，2014（6）：4-23，206.

化背景下的国家认同呈现为消解与重构、削弱与强化并行的特征"①，在经济全球化的进程中，大型跨国企业的全球性竞争、政府间国际组织功能的加强，以互联网为载体的多元文化的冲突与融合，以及以美国为代表的西方国家在政治、经济、文化方面话语权的强势地位，这些都对当代中国的国家认同构成了挑战。近年来，中国的经济实力不断增强，已跃居第二大经济实体，但是，当代中国与老牌的资本主义国家相比，在国际上的话语权还相对处于弱势地位。公民对国家各项制度及价值观的认可程度是国家认同的核心变量，那么，中国不同于西方国家的政治制度、意识形态、价值体系，如何凸显其优势，如何获得公民的认同成为我国提高国际地位的重要条件。

随着我国经济实力的不断增强以及国际地位的不断提升，通过公民法治教育促进国家认同的实现，不仅是时代提供的机遇，同时也是时代所赋予的使命。在实现中华民族伟大复兴以及中国梦的过程中，公民才是历史的创造者和国家命运的主宰者，"公民不只是一种标签，不管一个人的法律地位到底怎样，如果没有他与其同胞的公共纽带（civic bond），或者没有对于公共利益的意识，那他就并不是一个真正的公民"②。党的十八大以来，我国的国家发展战略目标进一步明确，具体规划进一步清晰，国家提出了共建共治共享的发展策略，"这既是化解转型风险的迫切需要、社会主义国家性质的客观要求、传统文化与本土国情的最优选择，也是共享经济时代的必然反映和世界变革趋势的重要体现。而基于这一路径，则需要通过国家与社会层面的共建共享、中央与地方层面的共建共享、多元社会层面的共建共享的推进策略，来塑造双向构建、多元包容、共建共享的法

---

① 王卓君，何华玲. 全球化时代的国家认同：危机与重构［J］. 中国社会科学，2013
　　（9）：16-27.

② 德里克·希特. 公民身份：世界史、政治学与教育学中的公民理想［M］. 郭台辉，
　　余慧元，译. 长春：吉林出版集团有限责任公司，2010：256.

治秩序，进而实现法治中国建设的战略目标"①。无论是应对全球化对国家认同的挑战，还是解决国内的各种矛盾，实现共建共治共享的发展策略，都需要以公民对国家的认同为基础，因此，对公民在法治教育中加强国家认同教育就显得尤为重要。

可见，公民法治教育的核心功能是国家认同，国家认同是实现民族团结和增强民族凝聚力的重要的精神纽带，是培养公民身份的最基本条件。"国家认同是每个人对自己属于哪个民族国家的确认，以及这个民族国家究竟是怎样的一个民族国家等一系列的思考活动，是一个国家的公民在共同的历史传统、伦理价值规范以及在对无数的集体记忆的分享基础上而建立起来的对自己国家的身份感和归属感。"② 公民法治教育的核心目标是强化公民对中华人民共和国的身份感和归属感，这种国家认同教育体现在学校的教育环节上，同时，中国共产党在治理中的重大战略的宣传也是公民法治教育的重要内容。在融媒体时代，应充分利用现代科技信息技术，提升公民法治教育的效果，以不同年龄段和不同工作性质的公民愿意接受的方式提升其对国家政治、经济、文化、社会各种基本制度的认知水平以及了解我国在这些领域的发展战略及其成就，使社会公众以"共建共治共享"的责任感和使命感参与国家建设，将坚持党的领导、坚持社会主义制度的优越性转变为真正的内心信仰，激发爱国情感，自觉抵御国外各种不良思潮的影响，并以主人翁的姿态参与中国梦的实现过程。

二、制度认同

"以社会主义核心价值观为引领，普及法治知识，养成守法意识……

---

① 马长山. 法治中国建设的"共建共享"路径与策略［J］. 中国法学，2016（6）：5-23.

② 王新建，傅红冬，邓栋. 国家认同教育的"生成论"反观与改进路向［J］. 宁夏社会科学，2020（2）：211-216.

践行法治理念，树立法治信仰，引导青少年参与法治实践，形成对社会主义法治道路的价值认同、制度认同，成为社会主义法治的忠实崇尚者、自觉遵守者、坚定捍卫者"，这是《大纲》设定的青少年法治教育的总体目标。这里我们可以看到《大纲》充分肯定了培养社会主义法治道路的价值和制度认同的重要性，它构成社会主义法治教育功能当中最为关键的部分，为此，公民对现行制度的认同度也构成对法治教育效果的考量和评价尺度。"制度认同强调公民对制度规则的内化，表现为对制度的自觉遵守，是制度化的内在要求"①，"是人们在对制度的认可基础上而形成的情感归属，是人们对制度的一种稳定的心理预期"②。我国宪法规定了我国基本的政治制度、经济制度、文化制度和社会制度，而这些制度的实现及其良性运行需要以公民的认同为基础，公民对法律制度的认同是法律制度在社会中运行的不竭的动力源泉，"'认同'是民族国家发展中不可缺乏且无可比拟的'软权力'"③，公民法治教育对制度认同的作用与功能不容小觑，具体表现为对法律理念的趋同、法律规则的认可和法律价值的认同等方面。

首先，从理念认同的角度来看，公民法治教育是实现公民对社会主义法律制度的理念认同的重要方式和手段。认同是一种理念，是对某种事物的赞同和认可，要想对国家的制度有所认同，就必须对形成制度的基本理念认同，这是最为基本的前提，通过这种理念认同形成与国家之间关系的正确认知。《大纲》将培养公民的法治理念作为公民法治教育的重要任务之一。在国际形势异常复杂的当今时代，基于有效应对国外势力对我国主

---

① 王永香，王心渝，陆卫明．规制、规范与认知：网络协商民主制度化建构的三重维度［J］．西安交通大学学报，2021（1）：117–126.
② 孔德永．社会主义制度认同的历史经验［J］．河南社会科学，2019（3）：17–23.
③ 金太军，姚虎．国家认同：全球化视野下的结构性分析［J］．中国社会科学，2014（6）：4–23，206.

权、领土、基本制度等所采取的这种敌对态度和行动，构建中华人民共和国不同民族、不同地域以及不同价值观的公民对国家制度的基本理念的认同显得异常重要。中国特色社会主义制度以及政治、经济、文化和社会领域各项具体的制度都是基于一定的制度理念而制定的，例如我国宪法中的各项基本制度所遵循的基本的法治理念包括人民主权原则、基本人权原则、权力制约原则、宪法至上原则等，刑法中的无罪推定原则、罪刑法定原则等，还有民法中的意思自治原则、公平责任原则等，这些理念贯穿于各项具体的法律制度之中。那么，在公民法治教育过程中，需要培养公民对社会主义制度中基本制度理念的认同。由于我国公民法治教育模式以宪法教育为核心，宪法中所包含的各种制度理念会被公民所认同，进而扩展为对部门法相关制度理念的认同。我国法治教育模式所体现的"一核多元"的特征不仅能够让社会主义核心价值观及中国特色社会主义制度成为公民的内心信仰，而且，多元的民主法治理念也能够为吸纳国际优秀的思想、制度和文化遗产奠定包容的心理基础。通过公民法治教育，学生了解到"世界上并不存在唯一的法治理念"①，法治理念是多元的，法治理念必须扎根于特定的经济基础与政治土壤，尤其是在当今时代，"法治不再是纯西方的理念，而是作为人类共同的价值观，为国际社会普遍接受的理念"，"东方并非一种自然的存在"。"'东方'和'西方'这样的地方和地理区域都是人为构建起来的。"② 因此，"像'西方'一样，'东方'这一观念有着自身的历史以及思维、意向和词汇系统，正是这一历史与传统使其能够与'西方'相对峙而存在。因此，这两个地理实体实际上是相互支

---

① 胜雅律. 不同法治文明间的对话：在"法治与21世纪"国际学术研讨会闭幕式上的发言 [C]. 党生翠，译//夏勇，李林，丽狄娅·芭斯塔·弗莱纳. 法治与21世纪. 北京：社会科学文献出版社，2004：296.

② 爱德华·W. 萨义德. 东方学 [M]. 王宇根，译. 北京：生活·读书·新知三联书店，1999：6-7.

持并且在一定程度上相互反映对方的"①。随着中国经济实力的不断增强，中国的国际地位不断提高，对于中国来说，我们必须基于自己的文化传统和现实国情来构建自己的法治之路和发展之路，因此，公民对制度理念的认同是公民法治教育的核心功能。

其次，从规则认同的角度来看，规则是对行为的引导和约束，规则认同尤其是法律规则的认同能够增强公民对国家的归属感，为国家的整体和谐奠定基础。法治在西方有很长的发展历史，法治的相关概念也是从西方传入中国，吸纳西方的法治建设经验以及借鉴西方相关的法律制度是中国法治建设的必然选择，尤其是市场经济下学习西方成熟的法治经验也是使中国快速被纳入法治国家发展行列的必然选择。也正是基于此种原因，学术界对西方法治建设的相关研究比较多，"然而，这并不意味着我们可以把法治进行过度的'模式化'处理或'意识形态化'构建，恰恰相反，法治的非模式化、流动性和地方性是生活现实展现给我们的一幅幅真实画卷"②。在中国的法治建设过程中，基于历史传统和现实国情，我们逐渐形成了中国法治话语体系，制定了各种国际交往规则和国内制度规则，例如中国提出的和平共处五项原则已经成为国际交往的重要规则，这不仅证明了中国人的智慧，同时，也说明中国人有能力在全球化和国际化过程中参与各种国际规则的制定。我国的各项制度规则基本做到了符合国情、保护人权的需要。"中国法治话语体系的提出表明中西之争到了高级的、成熟的阶段，即构建关于法治理解的多元性世界观，而不只是西方法治理论一家独大"③，因此，基于中国的现实国情以及增强国际话语权的需要，我国

---

① 爱德华·W. 萨义德. 东方学［M］. 王宇根，译. 北京：生活·读书·新知三联书店，1999：7.
② 马长山. 法治的平衡取向与渐进主义法治道路［J］. 法学研究，2008（4）：3-27.
③ 朱振. 中国特色社会主义法治话语体系的自觉建构［J］. 法制与社会发展，2013（1）：22-30.

所制定的各种规则不但要符合国际秩序建构的需要，也要符合中国的发展需要。通过公民法治教育，社会公众充分了解中国特色社会主义法治体系形成的历史脉络及其特性，了解各种规则制定的背景和动因，冲抵一直以来浓重的膜拜西方的学徒心理，对中国特色社会主义法律规则进行充分的认同，形成规则意识，增强民族凝聚力和制度自信。

最后，从价值认同的角度来看，公民法治教育可以增强社会公众对社会主义法律制度的价值认同。法律规则背后的价值是法律的灵魂，社会主义法律体系蕴含丰富的价值内涵，有自由、平等、人权、安全、公平、正义等。当然，社会主义法律体系中的各种价值也会存在一定的冲突，如自由与安全的冲突、个人利益与国家利益或集体利益的冲突等。基于文化传统和现实国情等因素，我国法律体系背后的价值观念同西方有很大的不同，自由是法治的重要的价值追求之一，然而西方国家对自由的过度追求则导致了自由与平等、自由与安全的内在张力，如西方国家在市场经济领域的自由竞争导致了一些实质的不平等，一些群体在形式上的自由平等的掩盖下陷入了"被剥夺"群体的行列，这使西方法治所体现的价值面临质疑。"今天非常清楚的是，大量照搬民主治理形式的表面元素通常并不能保证取得那种往往与民主制度相关联的社会进步"，"人们对民主制度的怀疑也在增加，因为平等的原则和理想与现实生活之间越来越脱离"。① 而在自由与安全方面，西方的价值体系在新冠疫情的考验下更是暴露了各种弊端，"国家负有保障人权的义务，但为了保护公民的生命与健康，以公权力限制公民的一些自由是必要的，也是正当的"②。在自由与安全发生冲突的情况下，西方的自由的价值位阶在某种程度上超越安全的价值位阶，新

---

① 俞可平. 中译本序言 [C] //弗拉基斯拉夫·伊诺泽姆采夫. 民主与现代化：有关21世纪挑战的争论. 徐向梅，等译. 北京：中央编译出版社，2011：1.

② 韩大元. 后疫情时代：重塑社会正义 [J]. 中国法律评论，2020（5）：43-56.

冠疫情在西方的肆虐与这种价值取向不无关系；相比较而言，中国在市场经济发展过程中，更重视宏观调控和对实质平等的价值追求，在疫情防控过程中，国家层面和公民个人层面更多的是将安全的价值置于自由的价值之上。"第三世界各国成功的经验和失败的教训告诉人们，仅仅依靠更换掌权者或者照抄照搬发达国家的相关法律，均不足以实现国家的可持续发展。""为给相关立法打下良好基础，有必要重温一句中国谚语：实事求是。"① 中西方在很多价值理念上的认知差别充分体现了不同国家价值认同的差异。中国公民对价值观的认知有其存在的政治、经济、文化和社会土壤。通过公民法治教育，进一步明确中国法治的价值内涵及其发展脉络与特征，强化文化自信和理论自信，从而更有利于中国特色社会主义法治进程的推进。

三、文化认同

文化对一个国家的稳定和发展起到至关重要的作用。因为国家的灵魂体现在文化之中，民族性格蕴含在文化之中，所以要想实现国家认同，首先必须实现文化认同，就此而言，文化认同担负着民族凝聚的重任，是一种向心力，也是推动社会向前发展的内在动力，"国家的外壳可能相像，但内在的东西却惊人地不同"②，这种内在的东西更多地体现在文化中。对大多数国家来说，历史已经成为公民身份教育的主题。美国在1884年建立历史委员会，英国在1906年建立历史委员会，二者都拥有巨大的影响

---

① 安·塞德曼，罗伯特·塞德曼. 发展进程中的国家与法律：第三世界问题的解决和制度变革 [M]. 冯玉军，俞飞，译. 北京：法律出版社，2006：384.
② 乔尔·S. 米格代尔. 强社会与弱国家：第三世界的国家社会关系及国家能力 [M]. 张长东，朱海雷，隋春波，等译. 南京：江苏人民出版社，2009：3.

力。① 在美国，第一个直接针对公民教育的课程是美国史。国家逐渐通过法律来要求美国史的教学——早在 1827 年佛蒙特州（Vermont）就开始施行这种方式。② "在现代社会中，公民认同感与历史、民族性与博爱间有一种特别的关系。……历史既蕴藏了关于过去的事实，也提供了传说，是一种社会的集体记忆。没有一定的历史知识，公民对其国家的传统就一无所知，这是一种政治的失忆症。"③ "一种共享的认同感如果没有一个共享的传统几乎是不可能的。"④ 民族文化是一个国家存在与发展的根基，是凝聚共识和增强国家凝聚力的源泉。

"中国有着五千年的历史文化见证，积淀了五千年的文化自信，民族文化教育有着得天独厚的条件，更应以中华优秀传统文化促进公民意识教育，凸显民族底蕴，唤起民族文化认同。"⑤

以儒家学说为核心的中国传统文化在中国历史上具有重要的地位，并对韩国、日本等周边国家产生了重大影响。在中国历史上，历经历次的王朝更替，中华民族仍然在绝大多数历史阶段保持了统一稳定的社会秩序，并在很多朝代出现鼎盛发展的态势，这与传统文化关系密切。但是，进入 19 世纪中期以后，中华民族在西方国家的侵夺下陷入被动挨打的境地，中国人民在救死图存的挣扎中也陷入了文化认同的危机。新中国成立后，中国共产党领导的新文化建设对传统文化进行了批判继承。1951 年，毛泽东

---

① 德里克·希特. 公民身份：世界史、政治学与教育学中的公民理想［M］. 郭台辉，余慧元，译. 长春：吉林出版集团有限责任公司，2010：165.
② 德里克·希特. 公民身份：世界史、政治学与教育学中的公民理想［M］. 郭台辉，余慧元，译. 长春：吉林出版集团有限责任公司，2010. 130.
③ 德里克·希特. 公民身份：世界史、政治学与教育学中的公民理想［M］. 郭台辉，余慧元，译. 长春：吉林出版集团有限责任公司，2010：261.
④ 德里克·希特. 公民身份：世界史、政治学与教育学中的公民理想［M］. 郭台辉，余慧元，译. 长春：吉林出版集团有限责任公司，2010：266.
⑤ 陈竹萱，罗会钧. 中法全球公民意识教育比较及启示［J］. 大陆桥视野，2020（11）：76-78.

首次在中国戏曲研究院题词"百花齐放，推陈出新"，并于 1953 年就中国历史研究问题提出了"百家争鸣"的主张，"双百方针"的提出为学术界对传统文化进行深入研究以及挖掘传统文化的精髓提供了重要的契机。在 1957 年的"反右"斗争中，对传统文化的态度又进入了"薄古厚今"的阶段，传统文化再次出现消沉。在"文化大革命"期间，传统文化更是遭受巨大灾难，文化虚无主义盛行。改革开放后，西方的多元文化随着国门的打开融入中国，传统文化再度面临西方文化的冲击，"一个民族的传统文化是在漫长的历史进程中形成的，具有坚韧性和连绵性。同时，它也会在慢慢受纳新文化中不断更新变异，实现文化的自觉发展和嬗变演进。然而，当新文化来得过于迅猛而超过传统文化的承受力时，就往往会引起文化的巨大断裂"①。随着对历史经验教训的总结以及对传统文化的正确认知，我们逐步认识到从文化自觉向文化自信和文化自强转变的重要价值。在全球化的进程当中，各国面临文化的交融以及文化的冲突与裂变，对于中国来说，如何在现代化进程中将传统文化转化为实现中国梦的"软实力"成为重要的时代课题。"如果不是文化的崛起就不是真的崛起，崛起的背后要代表一种真正的价值和文化，……如果中国真正要崛起必须是文化的崛起。"② "一个民族失去了文化特性，民族独立性也就失去了文明史与精神史的依托。"③ 中华民族绵延五千年，有着历史悠久的文化见证，形成了深厚的文化自信，为民族文化教育积淀了得天独厚的条件，更应以优秀的传统文化推进公民法治教育，培养公民的民族文化认同。因此，如何继承优秀的传统文化，如何通过公民法治教育实现传统文化的认同是关乎

---

① 马长山. 公民性塑造：中国法治进程的关键要素［J］. 社会科学研究，2008，174（1）：1-8.

② 杜维明. 中国的崛起需要文化的支撑［J］. 中国特色社会主义研究，2011（6）：35-39.

③ 门洪华. 两个大局视角下的中国国家认同变迁：1982—2012［J］. 中国社会科学，2013（9）：54-66.

中国发展内在动力的重要问题。

同时，红色文化认同也是文化认同的重要组成部分。改革开放后，我国的政治体制改革和经济体制改革以及社会治理体系创新不断推进，无论是政治、经济，还是社会体制结构都发生了重大的变化，但是这都没有过多离开社会主义先进文化的支撑。我国改革开放所取得的巨大经济成就举世瞩目，社会主义市场经济取代了单一的计划经济模式，市场机制在资源配置上起着决定性作用；在政治体制上，依法治国、依宪治国推动着社会主义法治化的建设，原有的单一权威政治也为政治民主化所代替；而在社会结构方面，过去的总体性国家统摄全能型社会的格局被打破，国家与社会分离的框架已经基本形成，单位制、人民公社被履行社会治理职能的社会组织所取代，公民的权利和利益得到了充分的尊重。改革开放的巨大成就塑造了中国特色社会主义，也为"法治中国"建设提供了结构性支撑，是中国融入全球化的重要体现，而红色文化恰恰是在中国的经济体制改革和政治体制改革以及社会治理体系创新过程中以其坚定的爱国主义情怀和"实事求是"的发展理念保证了我们的改革方向的正确性和发展的独立性，保证了改革目标的充分实现。事实证明，没有中国共产党的领导，就没有中国兴盛繁荣的今天，中国特色社会主义法治建设必须坚持中国共产党的领导，中国共产党领导中国人民在革命和建设过程中积累了丰富的红色文化资源，这些红色文化资源既是中国革命和建设的历史见证，同时也对中国当代的社会主义现代化建设具有重要的政治价值、经济价值和社会价值。在当今多元文化相互碰撞的时代，红色文化所蕴含的爱国主义精神在当今的中国现代化建设过程中具有凝聚国民力量的巨大时代价值。

近年来，我国为增强民族文化自信做出了很多的努力。习近平在很多会议上多次谈到文化自信的问题，2014 年提出要"增强文化自信和价值观自信"①，2015 年在北大学子座谈会上再次谈及文化自信，在庆祝中国共产党成立 95 周年大会的讲话上，习近平指出"文化自信，是更基础、更广泛、更深厚的自信"②，同样，在法治建设过程中，红色文化的精神更需要我们进行正确的诠释与传承，红色文化新时代中国共产党人执政为民的情怀，源于马克思主义政党的使命初心，源于红色文化的伟大示范效应，红色文化中孕育着中国共产党执政为民的时代使命。中国共产党是人民的政党，这是中国红色文化的核心和精髓。在公民法治教育中，对传统文化和红色文化中的精华进行宣传、普及和正确认知是实现文化认同进而实现文化自信的必然步骤。在国际关系异常复杂的当今时代，对博大精深的中华文化资源进行继承、创新并实现文化认同是抵御外来压力凝聚国民力量的精神屏障，在公民法治教育过程中，通过科学的理念和合理的内容设计，社会公众正确认知中国传统文化和红色文化以及西方文化的特征、地位及其存在的条件。当然，对中华文化的认同不是盲目地继承一切传统文化，更不是盲目地排斥外国优秀的文化遗产，而是在弘扬传统文化的同时以兼容开放的姿态吸纳一切优秀的文化遗产，进而实现中华文化的伟大创新。

第二节 公民法治教育的四维功能机制

在当下中国，公民法治教育是推动法治进程的重要动力，对法律的制

---

① 习近平在中共中央政治局第十三次集体学习时强调把培育和弘扬社会主义核心价值观作为凝魂聚气强基固本的基础工程［EB/OL］. 中国政府网，2014-02-25.
② 在庆祝中国共产党成立 95 周年大会上的讲话［EB/OL］. 人民网，2021-04-16.

定、实施以及完善发挥着重要的导引功能、耦合功能、驱动功能、反思功能。

一、导引功能机制

"现代法治之所以是个能动的进程，是因为它自身的法治理念与法律规范体系的二元结构。如果说法律规范体系是法治的躯体，那么，法治理念则是法治的灵魂"①，而该灵魂的铸就需要公民法治教育予以实现。公民作为法律的制定与实施主体，其法律意识与法治理念决定了法律的价值取向与法治的发展方向。现代法律制度其实在很大程度上是公民价值追求通过立法的程序呈现在制度化的法律中的结晶。"如果说法治在其自觉发展进程中尚需保持其特有规范性、稳定性的话，那么作为其价值基础的公民意识追求，则时刻展现着鲜活的内容，因而具有很强的预期性和前瞻性涌动"②，也就是说，法律意识、法治观念和法治思维引导着法律制度的内在品质的形成，而法律意识、法治观念和法治思维则是公民法治教育的结果。

（一）公民法治教育导引法治理念的合理确立

公民法治教育对法治理念的合理确立具有直接导引功能。党的十八大以来，随着对国家与社会共同治理理念和基层民主政治实践的不断探索，社会公众在法律制度的制定与完善方面具有了重要的主体性地位，但是，系统的公民法治教育机制并不完善，导致公民的法治理念与我国的依法治国进程存在不匹配的问题，社会公众对法治理念中的公平、正义、平等、人权、民主等法治价值的认识还存在很多不正确的认知，权利与义务的平

---

① 马长山. 法治进程中公民意识的功能及其实现 [J]. 社会科学研究，1999（3）：38-44.
② 马长山. 法治进程中公民意识的功能及其实现 [J]. 社会科学研究，1999（3）：38-44.

衡、权力与责任的统一等观念还没有正确确立。而且，除了这些普世的价值内涵外，作为中国特色社会主义国家，我国的法治理念的培育还需要注重中国特色，即与社会主义内在规定性相一致的价值追求，如对国家利益、公共利益、自由与安全等方面与西方国家的特殊性认识，以及我们一再强调的"良法善治"等，以人民为中心的法治理念必须贯穿于社会主义法律制度的全部内容，法治建设的主体是人民，社会主义法治建设的目的是满足人民的各种法治需求，所有法治成果也应该由全体人民共同享有。①法治理念是产生良法的前提，是法治秩序形成的重要的精神要件，是规则秩序生长的人文环境。公民法治理念当然会随着市场经济的发展、民主法治进程的推进逐渐生长，但是，这种法治理念的自发成长过程过于漫长，为了尽快适应法治建设的需要，我们需要有意识地培养公民的法治理念，而公民法治教育无疑会导引法治理念的系统形成，并缩短这一形成过程。

（二）公民法治教育导引法律制度的价值取向

我国形成了中国特色社会主义法律体系，在不同的领域基本实现了有法可依。中国的改革开放以及经济体制和政治体制改革都是在实践摸索的过程中逐渐确立具有中国特色的规则制度，为"中国之治"提供了制度基础，且每一项制度背后都蕴含着一定的价值取向。中国特色社会主义法律制度所蕴含的价值取向包括人民主权、保护人权、权力制约、民主自由等。当然，这些价值取向并不是自然确立的，而是需要通过公民法治教育逐渐内化为公民的内心信仰。西方中心论者认为，西方的体制、价值观和西方文化带有全世界适用的普遍性，是代表着现代文明的最优成果，人们都应该奉其为人类社会最优、最高级、最理性及最具现代性的文明成果。这一点我们需要警惕，法治应该是非模式化的，中国应该探寻自主化的法治之路。公民法治教育的目的是增强社会公众与社会主义价值取向相一致

---

① 张文显. 习近平法治思想的理论体系［J］. 法治与社会发展，2021（1）：5-54.

的权利意识、责任意识。全国人民代表大会制度是公民参与国家治理的制度平台，通过公民教育能够增强公民合理正确运用选举权和被选举权的意识，以负责任的态度选出负责任的人大代表，人大代表在参与国家立法和重要决策的过程中，必然会将其法治观点、法治理念反映到法律制度与决策当中，也就是说，人大代表的法治理念对法律制度的价值取向具有重要的意义。近年来，为了加快民主进程，进一步体现社会主义人民当家作主的理念，协商民主制度在基层获得了实践性展开，"在国家治理体系的整体架构下，社会主义协商民主作为群众路线在政治领域的体现，融贯了民主与团结、民主与集中、民主与法治的多重二元主题，与执政党领导的合法性来源以及人大代议民主的运行有效性休戚相关"①。我国的各项民主制度，都是通过民主实践在制度体系中展现社会主义的价值取向。公民的价值取向的形成与其所处的环境和教育程度密切相关，通过公民法治教育，能够有意识并且系统地导引公民的价值取向，进而推进当代中国"善法"的制定与完善。

（三）公民法治教育导引法律实施的正确方向

法律的生命在于实施，法律的实施效果与社会公众的法律意识密切相关。众所周知，抽象性与概括性是法律的典型特征，而且，中国正处于社会转型期，构建改革发展的法治框架必须具有一定的前瞻性，国家法律体系的构建要为改革发展预留必要的空间，以弱化法制的稳定性与改革的变动性之间的内在张力，从而使改革顺利推进并达至预期目标，因此，法律制度所具有的弹性要求法律在实施过程中必须符合法律制定的初衷。在我国现阶段，公民对司法审判的非理性参与或质疑以及暴力抗法等事件的出现，很多情况下是因为缺乏正确的法治观念和法治思维。法律在运行过程

---

① 马一德. 宪法框架下的协商民主及其法治化路径 [J]. 中国社会科学，2016（9）：146-163，208.

中因各种法外因素的干扰可能会偏离正确的方向。公民教育的功能之一便是使公民理解基本政治制度及其运行机制，从而为其参与政治活动准备基本知识和能力。无论是立法解释、司法解释还是当事人对执法司法结果的接受程度都受到公民法治理念的影响。通过公民法治教育，培养公民养成正义、平等、公平的法治理念，正确行使权利的意识，理性表达的能力，遵纪守法的品性以及积极参与国家政治生活的意愿。正确的法律思维和法治理念能够使法律制度在实施过程中符合法治的基本原则和基本精神，因此，系统的公民法治教育能够导引法律实施的正确方向。

二、耦合功能机制

法律制度的制定与实施体现为主体与客体之间的一种互动关系，公民既是法律制度的制定与完善的主体，也是法律制度规范和约束的对象。"公民意识的价值导向与法律规范的价值确立具有内在的主从关系，但它们毕竟是不同的运行体系，因此，它们之间存在有一种互动关系，即把公民意识的正义价值追求化为法治理念，并注入法律规范体系，变成法律规范的价值选择"①，而公民意识的价值导向则是通过公民法治教育实现的。通过公民法治教育，社会公众形成稳定的法律意识，这些体现一定价值追求的法律意识通过特定的立法程序注入法律制度当中，并成为法律制度的价值选择，而法律制度在运行的过程中，因其体现社会成员的价值取向而被社会成员自觉地遵从，"从而获得合法性信仰的稳固支撑"②。也就是说，公民法治教育通过价值取向的引导，培养公民的法律意识和法治理念，进而实现法律意识和法治理念与法律制度的内在耦合。

---

① 马长山. 法治进程中公民意识的功能及其实现 [J]. 社会科学研究，1999（3）：38-44.

② 马长山. 法治进程中公民意识的功能及其实现 [J]. 社会科学研究，1999（3）：38-44.

（一）在经济领域法律制度中的耦合功能机制

在我国的经济体制转变过程中，其背后体现的是法治理念的不断变革，在计划经济体制下，相应的法律制度体现的是国家对经济行为的管控的价值取向，而随着市场经济的推进，社会公众的自由、平等的观念也越来越强，有关市场经济的法律制度中注入更多的自由、平等的价值。"新时代中国特色社会主义面临许多新问题新矛盾，这些新问题新矛盾不是传统政治经济学理论所能完全解释得了的，需要继承和发展马克思主义理论、构建中国特色社会主义政治经济学理论体系和不断完善社会主义市场经济体制，才有可能得以解决。"① 但是，在市场经济发展过程中，多数公民的法律观念和法治理念还处于碎片化状态，还没有与社会主义市场经济法律制度实现更好的耦合。通过系统的公民法治教育，使公民深刻把握社会主义市场经济的丰富内涵及其所蕴含的法治理念，并将这些理念通过相关的经济立法注入法律制度当中，这些反映公民对社会主义市场经济价值诉求的法律制度在实施的过程中，必定会获得公民的认可并顺利运行，同时，这些法律制度在运行的过程中越来越深入人心并进一步强化了公民的法治观念，因此，公民法治教育与市场经济法律制度具有内在的耦合功能。

（二）在政治领域法律制度中的耦合功能机制

为了凸显社会主义制度的优越性，加强中国共产党的领导，我国在政治领域的民主氛围越来越浓厚，民主观念在普通社会公众当中获得了明显的提升，在政治领域的相关立法中也越来越多地体现了民主的元素，这些法律制度在运行的过程中进一步强化了社会公众的民主意识。但是，由于公民法治教育机制不完善，现实中，公民在政治领域中的参与能力水平参

---

① 李松龄. 构建有效经济体制的理论认识与制度安排［J］. 江汉论坛，2021（1）：19-26.

差不齐，经常出现非理性参与的情形，并引发一些秩序风险。通过公民法治教育，可以从义务教育阶段开始采取多样化的积极有效的措施，着力培养公民的参政议政意识、能力和水平，培养多元治理、民主自治的技能、方法和策略，从而使社会公众真正地成为能够具有理性公共参与精神的合格公民。如此，通过我国的民主参与制度，如人民代表大会制度、协商民主制度以及基层群众自治制度等，公民的政治诉求上升为法律制度，同时，"制度化政治参与是公民政治表达的良好途径，也是扩大人民有序政治参与的关键所在"①，法律制度的实施会不断满足公民的政治诉求，并进一步强化公民理性参与国家政治生活的意愿，从而实现了公民法治教育在政治领域相关法律制度的耦合功能。

（三）在文化领域法律制度中的耦合功能机制

社会主义文化建设是在马克思主义的指导下进行的，并以社会主义核心价值观为指针对传统文化进行继承与创新，以传统的"'民为邦本'的民本思想，'天人合一'的生态理念，'天行健，君子以自强不息'的自强精神，'天下兴亡，匹夫有责'的爱国情怀，'君子喻于义，小人喻于利'的义利观念等"② 进行当代中国的文化建设，并以宪法的形式规定了公民在科学研究、文学艺术创作等方面的基本权利，通过部门法进一步保证公民文化权利的实现。通过公民法治教育，能够提高公民在文化领域方面的法律意识，在文化成果的享有、文化活动的参与、文化创造的开展方面形成正确的法治理念，并将这些理念通过立法程序注入教育、科学、技术、文学、艺术以及其他文化法律制度当中。基于正确的法治理念而制定的法律制度在运行过程中不断获得认同，并不断增强文化自信。例如，随着科

---

① 朱哲，吕霄航. 公民制度化政治参与内生动力生发机制质性探究［J］. 社会科学战线，2021（2）：202-210.

② 吴贵春. 以文化人的三个维度［J］. 内蒙古农业大学学报：社会科学版，2021（1）：87-91.

学技术的不断发展，科技向善的法治理念的培养必定会推动良法的形成，使科技的发展与自由、隐私、安全、公益等方面进行权益的平衡，基于这些良法而进行的善治，必定为公民法律意识的培养和法治理念的进一步提升创造更好的制度土壤，由此而实现公民法治教育在文化领域法律制度中的耦合功能。

（四）在社会领域法律制度中的耦合功能

中国特色社会主义法律体系有一个重要的组成部分——社会立法，它的基本内容包括劳动和社会保障、社会建设和服务、社会组织管理等方面，它以社会利益为立法本位，目的是所有人能够安居乐业，适度进行国家干预，提供最为全面的公共服务及制度保障，切实为实现所有群体，尤其是特殊群体的利益提供法律保障，以实现全体人民共享社会发展成果，实现和谐社会的理想。"简言之，社会法就是国家赋予公民各种各样的社会权利并由国家保障公民的这些社会权利的法律制度的总称"①，不仅是社会法，其他方面的立法，包括经济、政治、文化等所有方面的立法也包含对推进社会建设的立法。所以说，中国特色社会主义立法最重要的特征是保障人民的各项基本权利，维护社会的公平正义，尤其是维护弱势群体的利益，这些法治理念反映在劳动法、社会保障法等具体的法律制度当中。公民法治教育能够充分培育公民对劳动者、消费者以及老年人、妇女、残疾人、未成年人、归侨侨眷等特殊群体合法权益持正确的法治理念，并将这些法治理念注入相关的社会立法当中，这些制度在运行过程中进一步增强人们对社会主义制度的认可和对共产主义理念的信仰，从而在社会领域实现了从理念到制度，再从制度到理念的紧密耦合。

---

① 郑功成.中国社会法：回顾、问题与建设方略［J］.内蒙古科学，2020（3）：9-19，2.

三、驱动功能机制

当代中国法治进程的推进以及政治、经济、文化与社会重大战略目标的实现需要有积极、理性、负责任的公民进行参与，而公民法治教育则是提高公民法治素养，驱动法律制度不断发展和完善的最重要的主体性条件。

（一）公民法治教育能够驱动相关法律制度的制定与完善

公民法治教育能够提高公民主张权利的能力，进而推动相关法律的制定与完善。公民法治教育最大的作用就是能够提高公民的权利意识。众所周知，由于封建社会的发展历史比较悠久，臣民角色使中国社会公众的权利意识缺乏生长的土壤，改革开放后，在推进市场经济以及发展民主政治的大环境下，随着普法的不断深入，我国公民的权利意识不断增强，公民的权利主张成为我国法治建设的重要驱动力。在经济发展与民生方面，随着平等、公平观念的增强，社会公众对改革过程中的利益结构失衡、收入差距过大等问题非常关注，2017 年以来，国家法律和政策根据公民诉求，在个税改革、精准扶贫、教育公平、控制房价等方面不断推进改革；在政治领域，我国公民随着民主意识的增强，参与国家决策的意愿不断增强，这推动了民主制度尤其是协商民主制度在基层的开展。2020 年 5 月，《中华人民共和国民法典》的制定，既是公民私权的有力保障，同时也是公民民事权利观念不断增强驱动的结果。近些年来，随着科技的发展，互联网、大数据、云技术等在给人们带来诸多社会便利的同时，也对公民的某些权利构成了挑战，并引起了社会的广泛关注，如隐私权、弱势群体的数据权利、算法歧视等。同时出现了数据权等新兴权利，这些社会普遍关注的权利诉求也在不断推动相关领域的立法及法律完善，在保护个人信息方面，具有划时代意义的《中华人民共和国个人信息保护法（草案）》适时推出，现已处于向社会广泛征求意见的阶段，这说明公民个人信息保护诉求不断驱动着法律的制定和法律体系的构建。可见，公民的权利主张和利益诉求是驱动法律不断完善的重要动力，而公民法治教育则是培养公民这一能力的重要途径，通过公民法治教育，我国公民的法治素养必将进一步提高，并意识到权利是实现其意志与利益的载体，将自身利益与权利的主张紧密结合，进一步驱动各项法律向更加完善的方向发展。

（二）公民法治教育能够驱动相关法律制度的实施

"徒法不足以自行"，法律的实施需要相应的条件，其中，公民遵守法律并且监督他人依法行事是现代社会对公民品格的基本要求。一方面，公民法治教育能够增强公民的守法观念。"民主的国家制度和良法都是人民的自我规定，因而必然体现自由与责任的内在均衡和权利与义务的平等一致"①，"'法治国家'必须引导公民自觉遵守法律、努力工作和有所克制。为此，国家本身必须树立良好榜样，教育公民正确理解他们的义务和权利；使他们了解少数服从多数和思想自由并不等于无政府主义"②。基于此，我们可以肯定的是：公民是权利、自由的主张者和义务的履行者的复合体，在民主法治国家，公民行使权利必须承担相应的义务，不存在无义务的特权，而公民履行法定义务、承担法律责任更多的不是迫于法律的外在强制力而是基于内在的守法意识的驱动，这种主动守法精神必然会推动法律制度的顺利实施。另一方面，公民法治教育能够增强公民的护法观念。由于法律制度是公民利益与诉求的制度性表达，因此，法律的实施实质上就是公民权益的实现过程，任何违背法律规则的行为都会直接或间接侵犯公民的合法权益。公民除了自身守法外，还必须具有监督其他主体的

---

① 马长山. 公民意识：中国法治进程的内驱力 [J]. 法学研究，1996（6）：3-12.
② 乌尔里希·卡本. "法治国家"产生效应的条件 [C] //约瑟夫·夏辛，容敏德. 法治. 阿登纳基金会，译. 北京：法律出版社，2005：93.

义务，那么，公民的权力监督意识以及对权力的监督行为必然驱动相关法律制度的实施。2018 年宪法修正案直接对监察制度予以规定，2018 年，《中华人民共和国监察法》被通过，这强化了对公权力的监督。在我国，公民依据宪法和监察法对公权力进行监督既是公民的权利，同时也是合格公民的护法义务。在一个崇尚民主与法治的时代，公民法治教育所催生的公民权力监督意识以及护法精神能够直接驱动法律的顺利实施。

（三）公民法治教育能够驱动法治秩序的生成

秩序是法治追求的重要内容。"秩序概念，意指在自然界与社会进程运转中存在着某种程度的一致性、连续性和确定性"①，而在当今时代，各个国家都将法律规则作为形成某种具有一致性、连续性与确定性的社会关系的依据，即形成法治秩序。法治秩序的构建是法治建设的最终理想，它代表着法制理想中最美好的秩序结构向往，但是当下，"法治秩序、礼治秩序、德治秩序、人治秩序、习惯秩序、宗法秩序等，都是当代中国社会的一种现实存在，我们不能视它们为无物。多元秩序的存在是以多元规范的存在为前提和基础的，多元秩序来源于多元规范"②。党的十八大以来，治理理论与实践的不断推进要求国家自上而下和社会自下而上双向互动来推进中国的改革、发展与创新，这就要求包括法律在内的多元规范体系的合力充分发挥作用，以达到构建法治秩序的目的。基于中国多元的规范体系与秩序形态，公民法治教育的中国模式也体现了其特有的属性，即法治教育体现"一核多元"的价值主线，其中，社会主义核心价值观在国家层面、社会层面和个人层面的价值追求不仅仅是从法律层面所提出的要求，而且涵盖了道德层面、习惯层面并且关照到了中国传统文化中的一些优秀

---

① E. 博登海默. 法理学：法哲学及其方法 [M]. 邓正来，姬敬武，译. 北京：华夏出版社，1987：207.

② 刘作翔. 构建法治主导下的中国社会秩序结构：多元规范和多元秩序的共存共治 [J]. 学术月刊，2020（5）：102-112.

的价值取向，同时将西方的民主法治理念涵盖其中，这种多元包容的价值取向有利于多元的规范体系在社会中的运转，这种公民教育模式也必然驱动以法律为主导的多元秩序的建构。

四、反思功能机制

法律制度是以国家强制力来实现对社会正义、公平、自由、人权等价值的追求，但是，书面的法律与现实的法律往往存在一定的差距，甚至很大的差距。在社会中运行的法律并不一定完整、准确地反映了人们的价值追求，或者尽管法律反映了人们对一些法治价值的期许，但是，社会公众并没有配合法律实施的热情。这些都说明法律制度的现实样态与公民的理想期望之间存在一定的偏差。公民法治教育能够培养公民理性审视、批判现行法律制度的能力，从而对法治建设具有重要的反思功能。

（一）积极层面的反思功能

从积极的角度来讲，公民法治教育能够培养公民的法律思维和法治理念，如果公民接受良好的法治教育，形成正确的法治理念，就具有了对"良法善治"进行理性评判的能力，那么，就可以通过各种方式对法律制度进行理性的审视、提出修改的意见和诉求，或者进行批评，可以积极参与对国家的治理，并建言献策。随着互联网的发展和智能手机的广泛应用以及抖音、快手、微博等走进大众视野，为社会公众批评、审视现行的法律制度和国家的重大决策提供了平台和媒介。"正义并不只是以一种声音说话"，"正义本身包含着各种相互冲突的价值"①，通过对相关制度的讨论、质疑，能够对现行制度的修改和完善起到推动作用。"在一个法治的

---

① 约翰·格雷. 自由主义的两张面孔［M］. 顾爱彬，李瑞华，译. 南京：江苏人民出版社，2002：7-8.

政府之下，善良公民的座右铭是什么呢？那就是'严格地服从，自由地批判'"①，"最重要的并不是把这些价值中的某一种确定为比其他的价值更为重要，而在于维护这样一种制度：对于过一种良善生活是重要的所有价值的要求都能在这种制度中得到考虑和权衡"②。所以说，公民对现行制度进行理性的评判与审视能够引起相关部门对现行制度的反思，从而不断修正、完善现行的法律制度。近几年来，协商民主制度在基层的运行也取得了非常好的效果，基层民众的民主参与热情很高，对相关制度缺陷的批评、质疑体现了其对现行的法律制度与国家决策具有重要的反思功能。所以说，公民法治教育的重要功能之一是使公民积极行使权利，对现行制度进行理性的评判并促进现行法律制度的完善。

（二）消极层面的反思功能

从消极的角度来看，随着网络的发展，在互联网上表达的便利性与公民非理性的合力为法治建设带来了巨大的阻力与冲击。从司法实践的领域来看，社会公众对司法审判进行监督是公民的权利，但是，在社会公众法治意识没有达到一定高度的情况下，社会公众对司法审判的非理性参与对司法的独立性构成了很大的挑战，一些社会民众缺乏程序正义的观念，对司法审判进行不正当的干预，以大众审判干扰司法审判，严重影响了司法独立和司法正义的实现。"虽然一些事件在释放社会紧张、达成利益博弈的同时表现为某种程度的社会冲突，但是，透过这些事件我们可以看到，参与社会治理的多元主体已经渐次涌现，政府与民间的良性互动正不断激

---

① 边沁. 政府片论 [M]. 沈叔平，等译. 北京：商务印书馆，1995：99.
② 约翰·凯克斯. 反对自由主义 [M]. 应奇，译. 南京：江苏人民出版社，2003：233.

活治理体系和制度向善的力量，理性在公共治理中的分量正逐步上升"①，这些质疑与舆论抨击应该引起相关部门对当下中国法治建设的深刻反思，即我国公民的法治素养与现行的法律制度存在不匹配的情况，应该将提高公民法治素养作为法治建设的重要一环，或者应该对现行制度进行调整与完善，以增加公民对相关法律制度的认同。从政治参与的角度来看，一些社会公众对国家的政治生活缺乏参与的欲望，"政治氛围最有益于公民身份的自然成长"，在民主投票过程中，有些公民往往放弃选举权或被选举权，② 如果投票率低，那么应该对选举制度的可信性进行反思，"如果说政治冷漠是社会弊病的表征，还不如说它是健康的典型症候"，③ 这种情况反向说明了相关的法律制度缺乏社会公众的认同与信仰，以不参与、敷衍参与的方式抗议国家相关制度存在的缺陷，或者以消极的情绪抵抗现行制度的非合理性，并对相关部门施加压力，这应该引起对选举等相关法律制度的反思。

（三）培养公民理性评判与审视现行制度能力的现实需求

在法治国家，作为现代社会制度设定者和监督者的公民依法享有民主参与权。而构建具有自由、平等、人权、秩序法治内涵的民主法治机制则

---

① 评选出的 2009 年中国公民社会"十大新闻"主要是：1. 温家宝做客新华网与网民在线交流，越来越多政府官员与网民亲密接触；2. 公共预算观察志愿者以身"试"法推进公共财政透明；3. 不强制所有销售电脑安装绿坝软件：公共政策在民意表达后发生转变；4. "钓鱼执法"引发诘问，形成对政府依法行政的强大推动力；5. "被××"成为社会热点；6. 长江大学学生救人，公民意识、责任的集中凸显；7. 广东召开首届网民论坛，为"南方民间智库"搭台；8. 民间组织联合发布《2009 中国公民社会应对气候变化立场》；9. 拆迁问题"五学者上书"，《城市房屋拆迁管理条例》被纳入修改工作日程；10. 公民以各种和平方式表达利益诉求。中国公民社会迅速崛起 官民良性互动激活治理体系 [EB/OL]. 中国新闻网，2009-12-31.
② 德里克·希特. 公民身份：世界史、政治学与教育学中的公民理想 [M]. 郭台辉，余慧元，译. 长春：吉林出版集团有限责任公司，2010：141.
③ 德里克·希特. 公民身份：世界史、政治学与教育学中的公民理想 [M]. 郭台辉，余慧元，译. 长春：吉林出版集团有限责任公司，2010：145.

是公民充分行使权利和履行义务的必要保障。公民只有"以民主契约精神和法治信念来对社会制度进行合理性审视和正当性评判，并推动制度变革和重新设定"①，才能真正实现民主法治，并构建相应的法治秩序。公民理性评判是公民性品格的重要体现，"民主宪政中的公民应该合理地忠实和服从法律，它并不是建立在对强权的绝对服从的基础上。对某一政府的批判使公民有权甚至可能有义务不去遵守自己认为不公正的法律——当代的公民权运动就是这样一个典型的例子"②。由此可知，作为真正现代意义上的公民，其品格中必不可缺的就是能够正确地对制度合理性、正当性进行价值评判和认知，而这种价值评判和认知主要是在公民法治教育过程中得以培育。公民法治教育的目的是培养公民理性协商的能力，通过对话、辩论等民主程序，"从经验与试错中渐进走向民主与现代化"③。在民主秩序下，公民在享有民主参与权的同时应该有自由审视、评价和批判政治制度的权利，在价值多元化的时代，"法治仍然面临着多种在公共领域中彼此冲突的标准的概念是不可避免的。这就是为什么法治工程是要实现程序国家，保障每个人有可能论证这些标准概念中的每个概念的合法性"④。公民在行使民主权利以及在批判、审视与辩论的过程中更深入地理解制度的价值和意义，并通过相应的行为引起对现行制度的反思。

　　基于党的十八届四中全会所强调的"恪守以民为本、立法为民理念"，公民法治教育必须引导公民以积极的心态参与国家政治生活和改革发展的

---

① 马长山. 公民性塑造：中国法治进程的关键要素［J］. 社会科学研究，2008，174（1）：1-8.

② 纪念美国宪法颁布 200 周年委员会. 美国公民与宪法［M］. 劳娃，许旭，译. 北京：清华大学出版社，2006：227.

③ 萧功秦. 超越左右激进主义：走出中国转型的困境［M］. 杭州：浙江大学出版社，2012：75，总论 13.

④ 多米尼克·罗素. 法治是国家具有的特定价值吗［C］//夏勇，李林，丽狄娅·芭斯塔·弗莱纳. 法治与 21 世纪. 北京：社会科学文献出版社，2004：39.

大潮。如果改革缺乏法治基本价值理念的引导，在人权、自由、安全以及秩序方面缺乏法治的"普世价值"，就会导致公民对改革的进一步深化缺乏信心和认同，而缺乏社会公众认可的改革必定遇到更多的阻力，缺乏合法性也会导致改革成本过高，甚至会出现改革失败或社会失控的风险。因此，公民法治教育的目标是培养公民理性审视与评判现行制度的能力，并能够通过提建设性意见提高制度的有效性，进而提高国家治理体系与治理能力的现代化，增强法律制度的治理效能。

第三节　多方协同的实现路径

建设"法治中国"、走中国特色社会主义法治道路，这是中国人民在新时代所进行的历史必然选择。这种选择就要求立足公民法治教育，塑造新时代的法治精神和公民文化以适应新时代法治建设需要。而当代中国公民法治教育的实施路径应该注重体系整合和平台机制的构建，通过多维途径和保障机制强化公民法治教育的效果。

一、体系整合：德育、普法与法育

思想政治教育、道德教育和普法活动对公民法治素养的提高以及公民品格的形成都具有重要的作用，但由于教育的侧重点与方式的不同，公民品格培养效果存在明显差别。为了提升公民法治教育的实效，应当对以往的德育、普法和法育进行体系整合，通过确立法育的独立地位，以德育滋养法育以及提高普法对公民法治教育的实效作用等方式，探索公民法治教育中国模式的实施路径。

（一）确立法育的独立地位

公民教育一直是我国改革开放以来的重要任务。我国以往的公民教育采取的是德育—政育—法育三元构架，在这三元架构中，法育间或从属德育或政育，从未有过独立的地位。因而，法治教育一直没有达到理想的效果。从政治教育与法治教育的关系来看，政治教育与法治教育有交叉的内容，但是，政治教育侧重政治人的养成，法治教育则侧重法律人的养成，二者具有不同的教育重点，因此，法治教育在学校课程设计上需独立设计内容，不能偏废，不能将法治教育作为道德教育的附庸。从道德教育和法治教育关系辨析的角度看，道德教育与法治教育都属于社会价值的教育范畴，两者尽管有密切的联系，但是本质上有着明显的区别。道德教育主要强调人要修养自己的内心，在行为上要注意动机的良善性；而法治教育注重强调人在行为上应该依法而行，要注意行为的规范性。因而，道德教育的目的在于培养内心善良的公民，而法治教育的目的在于使人们养成"办事依法、遇事找法、解决问题靠法"的思维模式，使法成为行为习惯，成为每个人生活中必不可少的一部分。中国已经进入新时代，依法治国已成为重要的治国方略，依据"良法"所进行的"善治"有其特殊的逻辑和理路，基于此，公民法治教育也有其内在的特点和规律，它能够激发公民正确认知权利和自由、权力和责任的内心动力，"一个民族从来不享有一种确切的、永恒的自由，如果没有普及政治科学教育的话，如果教育没有独立于所有社会制度的话，如果你在公民心中激发出来的热情并不是由理性主导的话……"① 所以，要培养公民的法治精神和法治行为，就不能使法治教育依附于思想政治教育和道德教育，必须明确法治教育的独立地位。在学校开设专门的法治教育课程，是保障青少年法治教育达成国家教育目标的主要途径，也是西方发达国家流行的做法。但是，在学校教育阶段应该考虑课时等现实问题，避免给学生增加不必要的学业负担；要充分考虑

---

① 德里克·希特. 公民身份：世界史、政治学与教育学中的公民理想［M］. 郭台辉，余慧元，译. 长春：吉林出版集团有限责任公司，2010：81.

现行德育课程中已有部分法治教育内容的特点，将法治教育与德育课程合理结合。在法育课程建设和德育课程改革的过程中，中小学德育课程标准的修订，要相应体现青少年法治教育大纲的要求，明确法治教育的总体目标和学段目标，一方面要保证相应德育任务的完成，另一方面要确保法治教育内容的落实。切实执行《大纲》要求修订中小学德育课程的标准，按照不同的学阶，安排相应的法治教育内容。从小学低年级到高年级至初中阶段，再到高中阶段，依照不同年龄孩子的接受能力和学习情况，科学地逐步增加法治教育比例，实现增设法治教育模块，"将法治教育作为思想政治课的独立部分"。此外，《大纲》要求在高等教育阶段"把法治教育纳入通识教育范畴，开设法治基础课或者其他相关课程作为公共必修课"。总之，唯有赋予法治教育独立地位，使其在公民教育中能够与政治教育和道德教育并重，才能取得理想的公民法治教育效果，也才能使其更好地负担起法治启蒙和公民精神塑造的重要使命。

（二）以德育滋养法育

"徒法不足以自行"，法治教育当然不能脱离道德基础而孤立存在。道德教育是从人的内心修养出发，要求内在的心灵净化，其对人的要求更高，要求人们遵从"善"的标准，其行为不得损害他人利益和社会利益，更多是从义务的角度对人提出更高的要求，在遵从相关道德标准的情况下，其行为在一般情况下对他人和社会是有益无害的。道德教育是通过某种方式如宣传、树立标本等来对公民生活态度产生一定的影响，尤其是对思想道德素质方面的要求往往比较高，从而能够为社会培养高素质公民。法治教育也是为了培养公民的法治精神、法治思维和法治素养，目的也是提高公民思想素质，由此看来，法治教育与思想政治教育关系密切，是紧密相连的两个部分。"既然个人唯有通过公民身份才能获得道德自由，那么，教育的本质必须是有助于把个人的道德从自私自利演变成公民的责任"①，可见，以德育来滋养法育是提升公民法治教育效果的重要举措。"好公民"必然是具有美好品德的公民，是在任何情况下都能展现自己高尚品格的公民。因而，德育与法育的目的具有同一性，目的都是培养符合社会规范，正确处理个人利益与他人利益以及公共利益的合格公民。道德和法律通过各自的规范要求实现对人的内心和行为的约束，从而实现人与人之间的和谐关系以及社会的和谐秩序。而且，道德规范和法律规范有些是交叉的，这就决定了道德教育和法律教育是相互交融的。法治教育一个重要目标就是使公民在知道法律常识、法律知识的基础上形成遵法、守法、用法的行为模式，将遵循社会的基本要求当成习惯，是理所当然的行为。道德素养的提高对公民主动守法具有积极的推动作用。遵守法律是对道德最低要求的遵守，在日常生活中，能够遵守道德规范的人，基本都会自觉遵守法律，成为守法的公民，道德教育是以潜移默化的方式滋养法律行为的养成，为公民形成规则意识提供心理基础，通过道德教育使公民逐渐形成规则意识，并使遵守法律成为一种行为习惯。

（三）强化"普法"对"法育"的实际效能

普法工作一直是我国社会主义民主和社会主义法治建设的一项基础性工作，自 1986 年我国开展第一个五年普法宣传教育工作以来，我国目前已经进入"八五"普法阶段。至今我国的普法活动已经持续了三十余载，其普法时间之长，普法对象之广，在世界范围内都属罕见。党和国家明确对"八五"普法规划提出要求，要达成如下效果："法治观念深入人心，社会领域制度规范更加健全，社会主义核心价值观要求融入法治建设和社会治理成效显著，公民、法人和其他组织合法权益得到切实保障，社会治理法

---

① 德里克·希特．公民身份：世界史、政治学与教育学中的公民理想［M］．郭台辉，余慧元，译．长春：吉林出版集团有限责任公司，2010：124．

治化水平显著提高，形成符合国情、体现时代特征、人民群众满意的法治社会建设生动局面，为 2035 年基本建成法治社会奠定坚实基础。"① 在这 30 多年间，我国的普法活动取得了显著的成效，但与全面依法治国新要求和人民群众新期待相比，还存在着一些问题和不足。主要表现在：一是政府主导，社会和公民的参与不足；二是工具主义，缺乏对普法内在独立逻辑的关照；三是形式主义，有些政府部门把普法当作是一项任务，甚至仅仅发放法治考卷直接填写答案或者抄写答案敷衍了事，很难达到理想的普法效果；四是灌输式的普法，通过灌输宣传法律知识，受众被动地接受，结果导致普法效果往往无法达到预期的目标。

总之，普法教育的宗旨是普及法律知识，目标是法律规则和法律制度知识的普及，因此，应该增强普法的效果，强化普法对公民法治教育的实际效能，共同推进公民精神和公民性品格的塑造。

二、平台机制：国家、社会与学校

公民法治教育应达到教育公民理解社会基本规则，尊重少数群体的权利，关心公共利益，维护彼此自由并限制公权力的目的。《法治教育大纲》指出，要"协调、组织政府各有关部门，构建政府、学校、社会、家庭共同参与的青少年法治教育新格局"。需要通过国家、社会与学校的协同配合，共同推动公民法治教育目标的实现，进而为当代中国法治进程的推进提供重要的精神动力。

（一）国家层面的平台机制

国家在公民法治教育过程中发挥的重要作用主要体现在宏观的方向定位与顶层设计、营造民主法治环境以及具体的制度设计。

---

① 法治社会建设实施纲要：2020-2025 年［A/OL］.中国政府网，2020-12-07.

其一，方向定位与顶层设计。公民法治教育的中国模式需要符合中国的政治、经济、文化制度以及社会治理体系，从国家层面来讲，公民法治教育的价值理念和基本内容需要国家给予统一的方向定位，并进行顶层设计。公民法治教育必须符合马列主义、毛泽东思想、邓小平理论、"三个代表"重要思想、科学发展观和习近平新时代中国特色社会主义思想，这些思想是公民法治教育的理论向导。从方向定位上，公民法治教育的内容要符合国家的重大发展战略，与中国的法治模式以及路径保持一致，当然，"我们有符合国情的一套理论、一套制度，同时我们也抱着开放的态度，无论是传统的还是外来的，都要取其精华、去其糟粕"①，域外公民教育特别是先发现代化国家公民法治教育的成功经验启示我们必须以开放包容的姿态吸纳，进而对中国公民法治教育模式进行科学合理的顶层设计。

其二，营造民主法治环境。通过营造民主法治环境来弘扬法治精神和树立法治信仰。按照党的十八届四中全会关于"良法善治"的战略要求，开放必要的政治参与空间为公民法治教育提供平台和渠道。党的十九届四中全会指出"制度的生命力在于执行"，民主法治社会中的社会制度，能够被很好地执行的制度不应该仅仅是本身的制定正当、合理，更应该是符合社会上大多数人的价值标准和利益期待的，这样的制度才能获得人们的尊重从而愿意自觉遵守。正如学者指出的，"不管一个社会的政治制度会采取什么形式，不管它怎样处理它的事务，这个制度总是必须首先找出获得人民效忠的途径"②。这里所说的"效忠"，是指人们因为相信现存政治系统是最优的，是最能维护自己利益并保障自己有尊严地生活于其中的制度体系，因而愿意自觉地遵守，并产生了由内而外的信仰。在民主社会，公民在

---

① 习近平.习近平关于全面依法治国论述摘编［C］.北京：中央文献出版社，2015：35.

② 威廉·哈维兰.当代人类学［M］.王铭铭，译.上海：上海人民出版社，1987：497.

民主选举、公共决策、地方自治、社会运动等过程中，能够对符合社会成员自由、平等、权利、正义追求的制度体系予以切身感知和理性认同，从而自觉尊崇制度的权威性、有效性，进而内化为其自觉的行为准则和生活习惯。因而，在民主制度运行中，赋予公民民主权利并保障其充分实施，使公民产生了对制度的合法性认同，自觉遵从制度规范，在制度框架内行动。

其三，完善具体的制度设计。法治教育的有效进行需要具体的制度设计，例如《大纲》中规定将青少年法治教育全面纳入国民教育体系，就需要依靠教育行政、司法行政等部门和普法领导机构作为青少年法治教育的直接负责人。加大工作力度，加快推进相关制度建设，重点是制定学校法治教育工作规程及相关的保障和监督考核制度。公民法治教育是一项系统的工程，需要各部门之间建立统筹协调机制。教育行政以及司法部门应该成立专门的有关公民法治教育的议事协调机构，负责具体的制度设计，保证公民法治教育的实效。为了适应数字公民法治教育的需要，可以借鉴其他国家成立一些专门的机构，负责数字公民的培养。例如韩国的教育与科研信息服务部（Korea Education and Research Information Service）、新加坡的网络健康指导委员会（Inter-Ministry Cyber Wellness Steering Committee）以及澳大利亚的儿童网络安全委员会办公室（The Office of the Children's e-Safety Commissioner）等，我国可以借鉴这些国家，通过设立具体的机构进而进行具体的制度设计和落实。此外，有关部门还应该制定具体的家长培训制度，发挥学生家长在公民法治教育中的作用。

（二）社会层面的平台机制

其一，发挥网络空间对公民法治素养培养的作用。在网络环境下，社会权利获得释放和成长，社会成员的公民参与诉求不断提高。网民代表的是新科技、新文化，以及草根精神和身份认同，他们通过新技术在互联网平台所构建的虚拟空间中，打破传统的制度约束，实现"虚拟—现实"双层空间中公民身份和公民性品格的重塑。很长时间以来，我国公民教育发展还远远落后于民主法治建设的实际需求，公民没有形成公共精神和正确的权利意识，法律意识淡薄，缺乏理性精神，这导致公共空间的行为中过度主张权利和侵权行为频发，人们很容易群情激昂，带着歧视、愤懑的情绪对待和处理问题。这种情况在网络上更为明显，因为在网络上人们可以卸掉自己在现实世界的身份，在这个数字化空间中实施自由自在的自我行为，而其中一些行为就冲破了底线。为此，应该推进网络空间的治理法治化，发挥其特有的法治教育功能。通过对网络平台的规范，弘扬法治精神和法治理念；通过规范网络行为，公民养成规则意识；通过提供民主协商和权利保护以及权力监督的平台，培养公民的公共精神。所以说，网络空间具有培养公民法治素养的巨大价值。在网络化智能化时代，我们需要充分利用网络空间，创造开放、民主、互动、规范的网络空间参与机制，公民在参与网络生活及网络规则制定中培养了权利义务观、责任意识、守法精神，训练了守法行为和参与的技能。

其二，发挥国家机关的作用，建立社会实践基地。法院、检察院、公安机关和司法行政机关等政法机关，负有普法责任的行政部门及媒体主管部门也要完善工作机制，将其延伸的法治教育职能的工作流程和具体事项制度化，以保障法治教育顺利进行。学校和各级教育部门要积极组织学生进行法治社会实践，建立专项的法治教育基地，发挥司法部门在公民法治教育中的作用。例如，现在很多的法院在司法活动中就在行使这种法治教育职责，上海浦东法院就推出了"春天的蒲公英"法制授课活动，向8所蒲公英学校的学生开展法制讲座；学校开展法制文艺秀活动及编辑《开心漫漫看》法治漫画书籍；举办司法公开活动14场，来自进才中学、福山外国语小学、尚德实验学校、冰厂田幼儿园、民办兰生复旦等学校的百余名师生走进法院，参观圆桌法庭、心理咨询室，旁听庭审，全方位感受司法文化氛围，通过与法院、法庭、法官的零距离接触向青少年传递法治思维。2019 年 4 月 30 日，上海市浦东新区人民检察院举行上海市青少年法治教育浦东体验基地揭牌仪式，① 2020 年 6 月 26 日，上海遴选建设第二批青少年法治教育协同创新中心实验校。② 这些活动开展得有声有色，如果能够在司法体制改革中将法治教育工作纳入司法改革的顶层设计中推广开来，将会在全国范围内发挥教育实效。

其三，发挥社会组织的法治教育功能。在当代中国，由于受传统文化的影响，我国民众的公民精神没有完全确立。虽然改革开放后，我国在法律体系的完善以及司法改革方面取得了巨大的成就，但是，法治秩序还没有达到预想的状态，其中公民精神缺失是公民参与不足的一个重要的原因。而公民精神的塑造是一个在实践中长期修习的过程。在当代社会，参与社会组织对塑造公民性品格至关重要，公民在家庭、各种联合会、各种团体和机构等自愿组织中，为了共同的理念和目标参与各种活动，并在这一过程中体会共同义务和责任感等重要的公民德行。因而，"使民主政治成为可能的文明品质只有在公民社会的团体网络中才能习得"③，"一个自由民主的政府必须依赖于范围广泛的、多种多样的社团来培育方方面面的公民美德"④。在这些团体中，公民感受到民主法治社会的自由和人的尊严的维护，还产生了由内而外的责任感和认识同体价值的能力，这在情感上连通了公民个人和作为公共权威的国家。因此，社会组织在国家与社会之间架起了一座双向互动的桥梁，这是双方建立良善沟通的通道。"国家在

---

① 上海浦东建设青少年法治教育体验基地［EB/OL］. 法制网，2019-04-30.

② 魏其濛. 上海遴选建设第二批青少年法治教育协同创新中心实验校［EB/OL］. 中国青年报数字报，2020-06-26.

③ 威尔·吉姆利卡，威尼·诺曼. 公民的回归：公民理论近作综述［C］. 毛兴贵，译//许纪霖. 共和、社群与公民. 南京：江苏人民出版社，2004：253.

④ 阿米·古特曼，等. 结社：理论与实践［M］. 吴玉章，毕小青，等，译. 北京：生活·读书·新知三联书店，2006：21.

社会治理与服务创新过程中需要吸纳公众进入自身主导的组织网络中，实现体制引导、嵌入和渗透的目标；而公众需要获得反馈主体意愿的渠道，在需求表达和意愿凝聚过程中对国家实施更大且更具持续性的反向'引导'作用"①。近些年，我国在政策和法律的支持下，社会组织大量涌现，截止到目前，我国的社会组织已经超过80万个，社会组织在培养公民参与能力和公共精神方面具有重要的作用，政府应该支持和发展青年社会组织、大学生社团等社会组织，发挥社会组织对公民品格培养的作用。

（三）学校层面的平台机制

要将法治教育纳入学校教育，一是在德育—政育—法育的三元构架中体现法育的重要价值，通过德育—政育—法育的互动与整合进行公民性品格的培养；二是在法律知识的普及方面进行方式方法的创新，按照《青少年法治教育大纲》的要求进行课程安排和具体内容的设计，增强法治教育的效果；三是以法治的核心要素如自由、平等、人权、民主等价值追求，结合数字社会对数字公民的特殊要求，采取情景化等多种方式，让学生亲自体验法律制度在自身权利维护以及维护社会正义方面的魅力。各级各类学校要加快完成"两个转变"。一是加快完成"从一般的普法活动到学校教育的重要内容"的转变。在青少年法治教育体系中，学校要发挥主导作用，不能仅仅被动配合政府的普法任务；要通过课堂教育、主题教育、社会实践等多种方式有计划地开展青少年法治教育，使其体系化、系统化。二是加快完成"从传授法律知识到培育法治观念、法律意识"的转变。法律知识只是青少年法治教育的基础内容，通过法律知识的传授，应当达到培育法治观念和法律意识的效果；所传授的法律知识不应局限于刑法、民法、行政法、未成年人保护法等领域的法律常识，而应以宪法原则、公民的基本权利和基本义务，以

---

① 陈晓运，黄丽婷．"双向嵌入"：社会组织与社会治理共同体建构［J］．新视野，2021（2）：78-84.

及社会主义法治理念为重点；除了传授法律知识以外，应当更加重视培养青少年自觉守法、遇事找法、解决问题靠法的法治意识。

为了提高公民法治教育的效果，学校必须摒弃一些传统的观念。首先，摒弃公民法治教育与中考高考无关的观念。根据《青少年法治教育大纲》将公民法治教育纳入国民教育系列的要求，将法治教育的相关内容纳入中考高考当中。中考高考是衡量学生能力，选拔人才的重要途径，对于当代中国来说，公民的法治素养是其能力的重要体现之一，学校培养学生的法治素养、法治能力也是学校培养法治社会各方面人才的职责和使命，因此，学校应该将法治教育与其他能力的培养同等重视，法治教育内容应该列入中考和高考范围。其次，摒弃传统的"政绩"观念，青少年法治教育不能作为"政绩"工程去实施，不能走形式走过场，而是要求实际效果。

三、多维途径：观念、行为与实践

公民法治教育事关我国社会主义现代化强国的建设，绝不能等闲视之。在公民教育发展的过程中，出现过一些过于抽象或者比较肤浅的道德宣传教育方式，这些方式使学生觉得枯燥，不能产生共情，因而很难达到理想的教育效果。为了将公民法治教育落到实处，《大纲》要求"青少年法治教育要充分发挥学校主导作用，与家庭、社会密切配合，拓展教育途径，创新教育方法，实现全员、全程、全方位育人"。

（一）观察、体验式教育途径的构建

目前，多个法治教育中心已经在教育部与高校的合作共建中成立，①《法治教育教师读本》和《法治教育学生读本》也由青少年法治教育协同

---

① 如与北京大学合建"高等学校学生法治教育研究中心"、与中国政法大学合建"教师法治教育研究中心"、与华东政法大学和华东师范大学分别合建"青少年法治教育协同创新中心"等。

创新中心编写完成，上海遴选了9所"青少年法治教育协同创新中心实验校"，教育部组织的"学宪法、讲宪法"大奖赛已经开展了五届。这些活动充分展现了公民法治教育活动在实践领域中的展开与推进，为青少年法治教育提供了管控的空间与实践的机会。在此基础上，社会各界应该全方位合作，探索观察、体验式教育途径的构建。

法治教育中的观察式教育途径需要在以下几个方面做出努力：首先，进一步完善民主法治制度，加强全社会守法，发挥政府及其工作人员依法办事的示范作用。随着我国市场经济的发展和网络自媒体的兴盛，我国公民意识逐步觉醒，人们越来越多地表达自己，参与热情高涨，一些公民维权、网络反腐和公民对公共事件的舆论干预，都产生了很大的影响，甚至推动了法律和制度的革新。然而，我们的制度革新和法治秩序建设的步伐却未能与之完全匹配，公民诉求的表达和参与愿望的满足，有时要依赖网络和社会中一些非官方渠道。因而，党和政府应该恪守民主原则，树立依法办事的基本法治精神，在法律规定的权限内，依法定程序和方式行使权力、履行职责，以自己的行为为公民树立榜样，提高公职部门的公信力，增强公民的法治信心。

其次，观摩体验法庭审判，发挥司法的法治教育功能。应该发挥司法审判对社会主义法治精神的培育作用，将公民法治教育融入案件立案、审理和执行的全过程。司法对社会正义的维护，使学生以"看得见"的正义促进公民法治精神的培养和法治行为的养成。现在很多法院已经在开展这项工作，据了解，上海市第一中级人民法院实行"圆桌法庭"①，用于审理未成年人涉法案件。在少年审判庭中，突破了传统的法台设置模式，采取

---

① "圆桌法庭"是少年审判庭设置的一种形式，是根据未成年人的生理和心理特点设计而成的，用于综合审判未成年人所涉的刑、民、行政等案件，以达到良好的庭审教育目的。

的是圆桌式设计，法台设置以未成年被告人为中心，形成一个大写的 U 字，从远处看又像一本打开的书。U 字象征着母亲的怀抱，希望孩子们迷途知返，重新回到母亲温暖的怀抱。合议庭位居圆弧正中部，公诉人、辩护人、法定代理人和帮教席分别在两侧的统一弧线上，体现了审、控、辩、帮四方各司其职，同时起到了减轻未成年被告人恐惧与抵触的心理的作用，在教育挽救未成年人上形成合力。从该法庭的实际运行来看，这种方式起到了"寓教于审、惩教结合"的预期效果。这种审判模式在全国很多法庭都有设置。另外，上海市浦东法院还曾开展少年庭"快乐暑期，法律相伴"系列活动，为期两个月，少年庭积极延伸审判职能，开展小记者探秘法庭主题实践活动。同时，将"请进来"与"走出去"相结合，邀请学生走进法院，开展多场公众开放日活动，主动送法进社区、乡村，向辖区中小学生开展 20 余场巡回法制讲座，让未成年人在寓教于乐的法制熏陶中健康成长，学习了法律知识、培养了法治精神。让法治教育工作越来越普遍化、实效化。

但从总体上看，司法的法治教育功能并未能完全地发挥出来，主要是因为法官并不足够重视。据统计，在被调研的某县级人民法院中的 35 位法官中，有 57.14% 的法官承认自己在法庭上并未进行有效的法治教育，主要原因归结为所需审理案件多、工作压力大；而认为自己真正在案件办理和庭审过程中进行了法治教育的法官占比仅为 14.79%；其余的法官中有 20% 认为法治教育是硬性任务，只有上级安排才会进行；更有甚者认为法治教育根本和法官审案无关，没必要进行，也不可能进行，持这样的观点的法官数量不少，有 8.57%。具体见图 1。[①]

① 樊飞. 司法审判对社会主义法治精神培育研究 [D]. 重庆：西南大学，2016.

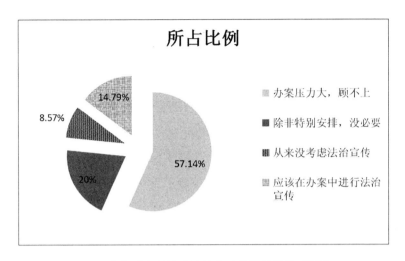

图1 法官对审判的法治教育功能的认识情况调查

由图1可知，大多数法官并不重视司法审判的法治教育功能，笔者认为应该培养法官的公共精神和责任感，使其自愿肩负起法治教育的重任，也应该在制度上加以规定，真正使司法的法治教育制度化、规则化。

（二）参与式法治教育途径的构建

公民参与政治生活行使民主权利的过程，可以使公民获得更高的民主生活经验，提升民主生活会参与水平，增加民主参与实践能力，进而达到公民法治教育所预期的效果。美国的法治教育教学方式更加注重培养学生的自主体验与社会实践能力，通过构建"学校—家庭—社区"的公民教育体系，采用以服务学习、争议问题讨论、合作学习等多样化实践教学方式，系统地培养"主动"公民。

为适应改革开放和市场经济发展的需要，我们国家一直努力构筑现代化的社会主义法律体系，在这样一个由国家主导的自上而下的立法过程中，也出现了国家主义、工具主义倾向。因此，应该构建多渠道的公民民主法治参与途径，唯有如此，才能使法治成为众人智慧的理性之治。亚里士多德说，主张法治的人"认为这种审议与其寄托一人，毋宁交给众人"①，毋庸置疑，法治的优越性之一便是"众人之治"，公民参与不仅可以培养自主意识和参与技能，还能够是公民更理解法律制度设置的理由，从而培养其制度认同感，这时公民对法律的遵守将是出于理性思考后的自愿遵守，而非出于外部压力的被动守法。

当下，我国的公民参与式法治教育途径包括公民参与立法、参与司法（公民陪审员制度）、法律监督等，另有新的方式产生，例如，上海市浦东法院就将小学生请去举办模拟法庭，让孩子们在亲自经历庭审过程中体会法的意义和价值，最终形成法治思维和行为方式。但这些距我们的公民法治教育需要还远远不够，所以，我们应该完善民主法治制度，构建有效的社会参与机制，最终实现法治教育自上而下和自下而上的双向合力。

四、条件保障：领导、引导与评价

公民法治教育功能的发挥重点在于具体措施的落实，因此，需要有相关的保障条件，包括中国共产党的领导、媒体舆论的正向引导以及相关评价标准的构建与完善。

（一）强化党在公民法治教育中的领导地位

当代中国的法治建设是在中国共产党的领导下进行的，党的领导同样是公民法治教育最根本的保证。地方各级党委要强化对公民法治教育的领导。党的领导是社会主义的本质特征。我国的法治教育必须体现在党的领导下的政治结构、经济形态、社会问题和文化传统中。只有在中国共产党的领导下进行公民法治教育，才能保证法治教育既定目标的实现。

一方面，坚持党对公民法治教育的领导能够保证教育的正确方向。党

---

① 亚里士多德. 政治学 ［M］. 吴寿彭，译. 北京：商务印书馆，1965：171.

的领导是中国特色社会主义的本质特征，中国共产党始终坚持以人民的利益为中心，始终坚持中国特色的社会主义方向，在公民法治教育过程中，只有坚持党的领导，才能保证教育理念与中国的政治制度、经济形态、社会结构和文化特征相一致。民族凝聚力和向心力，对国家的忠诚，对社会和其他公民的责任感，是公民法治的应有内涵。在党的领导下，能够保证教育遵循社会主义核心价值观，培养学生对国家的制度认同和文化认同感，增强民族凝聚力和向心力，使公民在国家认同、制度认同和文化认同的基础上，积极参与国家政治生活，遵守契约精神，在公共领域和私人生活空间中以社会主义法律理念为指引，以社会主义法律制度为指针，积极理性地行使个人权利、监督公权力，这既符合党的宗旨，也是构建社会主义和谐秩序的重要条件。

另一方面，坚持党的领导能够保证公民法治教育相关制度的落实。公民法治教育比普法更为复杂，更不可能是简单的宣传教育就能够培养出合格的公民，需要通过各种保证机制进行具体制度的落实。好的制度设计需要认真贯彻落实，中国共产党在国家中处于领导地位，起到"统领全局、协调各方"的重要作用。公平法治教育需要多元主体参与，各主体各自为政，单打独斗不可能实现既定的教育目标，教育理念的传播与推广、专门与系统的课程设置、公民教育资源的有效供给需要多元主体的合力，因此，加强公民法治教育的统筹协调至关重要。基于此，公民法治教育需要设立议事协调机构，形成各部门协调联动的工作机制，充分调动社会组织、企事业单位、人民团体以及公民个人在公民法治教育中作用，形成全社会重视、关注公民法治教育以及落实法治教育的合力。只有在党的坚强领导下，才能保证教育政策的具体落实，才能使受教育者在受教育的过程中"切身体验和感受普遍利益与特殊利益、一致性与多样性、国家权力和多元权利、自由和责任、权利和义务等的冲突、妥协与互动，从而形成公民的理性感知、共利考量、合理评判和审慎选择，养成善于民主行动的意识、素质、经验和基本技能"①。

（二）充分发挥媒体的舆论引导作用

在法治教育过程中，应该加强舆论引导，充分利用各种媒体平台，尤其是随着网络的发展和手机的普及，网络舆论引导在公民法治教育中发挥的作用非常大。"从学历来看，截至 2020 年 12 月，初中、高中、中专、技校学历的网民群体占比分别为 40.3%、20.6%；小学及以下网民群体占比由 2020 年 3 月的 17.2% 提升至 19.3%。学生群体仍是网民主力。截至 2020 年 12 月，在我国网民群体中，学生最多，占比为 21.0%"②，面对庞大的学生网民群体，媒体必须发挥法治教育的引领作用，尤其是主流媒体应主动承担法治价值的引领作用。从目前来看，"作为党和政府'喉舌'的主流媒体，人民日报力争将'声音'直接送入用户的网络终端，占领'意见领袖'的舆论市场。例如，人民日报评论微信订阅号每日多次向用户推送优质新闻评论，90.1% 的评论推送时间集中在 17：00—23：00，抓住用户非黄金时段的碎片化时间"③。可见，人民日报遵循传播媒介的变化以及网民的偏好，主动进行了"碎片化"新闻评论形式的改革。在公民法治教育中，类似人民日报这样的主流媒体也应该针对学生群体，进行新闻内容的设计以及传播方式的改革，充分发挥公民法治教育的正向舆论引导作用。另外，青少年群体比较喜欢的网站也应该充分发挥公民法治教育的舆论引导作用，例如，全国年轻人比较集中的视频社区哔哩哔哩用户已经达到 3 亿人，大多数是 35 岁以下的年轻人。2021 年 1 月 30 日，哔哩哔哩

① 马长山 . 公民性塑造：中国法治进程的关键要素［J］. 社会科学研究，2008，174（1）：1-8.

② 中国互联网络信息中心 . 中国互联网络发展状况统计报告：第 47 次［R/OL］. 中国政府网，2021-02-03.

③ 张瑒 . 人民日报碎片化新闻评论提升舆论引导力路径分析［J］. 视听，2021（2）：161-163.

在线直播了"BILIBILI POWER UP 2020 百大 UP 主"颁奖，其中，知识区 UP 主"罗翔说刑法"摘得"年度最高人气"奖，从这一点可以看出，通过年轻人比较喜欢的网站进行公民法治教育是值得推广的方式。其他网站也可以针对典型的案例通过以案说法的方式对公民进行法治教育，通过舆论的作用，形成全社会重视法律，遵守法律，正确保护权利的良好氛围。同时，学术界应该重视公民法治建设模式与路径的研究，为我国公民法治教育提供理论支撑和智库支持。

当前随着大数据、人工智能、云计算等现代信息技术在媒体行业的广泛应用，也引发了一些法律与伦理问题，如不恰当地收集个人信息侵犯公民隐私权，媒体对用户的精准推送导致信息茧房甚至引发群体极化问题，等等。这些问题导致媒体不但不会发挥公民法治教育的引导作用，反而会引发负面的价值选择问题。因此，应该通过法律或技术手段，对现代媒体进行有效的规制，使其公民法治教育的正向引导作用充分发挥。

（三）健全公民法治教育的评价体系

公民法治教育的目的是培养与社会主义法治建设相适应，能够主推法治建设进程的合格公民，公民法治教育模式的确立以及具体措施的落实想要达到预期的效果则需要科学完善的评价体系。因此，应该设定第三方评估机制，对国民教育中的公民法治教育进行主观评价、客观评价和综合评价，通过完善公民法治教育评价体系，检验公民法治教育的现状，并及时调整公民法治教育的模式和策略。

一是主观评价体系。主观评价体系包括法律认知、法律情感、法治观念和法治思维。法律认知包括对法律基本概念，法治与人治的关系，法律在政治、经济、文化和社会生活中的作用；法律情感包括对法律的认同，对法治价值的认可，对法律制度的依赖感；法治观念包括平等观念、正义观念、权利意识、规则意识、契约精神等；法治思维包括正当程序原则、法不溯及既往、无罪推定、权力制约、司法独立等。可以通过社会调查问卷，通过相关数据对公民的法治教育效果进行评价。此外，由于网络的发达，在人人拥有"麦克风"的时代，公民针对网络上一些敏感事件、舆情案件所发表的看法、观点以及相关评论也是衡量公民法律认知、法律情感、法治观念和法治思维的重要依据，因此，关注网络舆情是衡量法治教育效果的重要手段。应该充分利用大数据、算法等现代技术，进行相关数据的科学统计与分析，为衡量公民法治教育效果提供数据支持。

二是客观评价体系。公民法治教育客观评价体系在于检测公民的法治实践技能以及社会的法治秩序状态。法治能力检测指标包括理性参与政治生活的能力、自觉遵守法律的能力、维护权利的能力、对国家权力运行进行正确评价的能力。法治秩序的评价指标包括宪法的地位，"人们要有遵守和尊重宪法的意识，宪法的条款尤其是其中的保障人权条款要得到充分重视，这是法治秩序的前提和保障"①，宪法在国家法律体系中处于基本法地位，如果宪法在现实生活中也处于最高的地位，那么，处于其他位阶的规范性法律文件就不会违背宪法基本原则和精神，宪法的基本理念在下位法就会予以实现，而且，宪法在国家中的最高地位不仅体现为普通民众对宪法的信仰，更重要的是公权力对宪法的敬畏，这样才能保证权力和权利都在合理的框架内运行。法治秩序的评价还包括全社会对司法审判公正公平的认可程度。众所周知，司法审判是公民救济自己被侵犯权利的重要方法，作为社会公平正义的最后一道防线，也是大多数公民使用救济权利选择的最终的一种救济方法。社会失序可以采用司法审判的方式进行纠偏，司法审判能够被认可决定了这种纠偏能够在现实中发挥司法的正义价值以及发挥维护社会秩序的作用。近年来，民众对司法的非理性参与以及对一些"舆情案件"的"社会审判"，不仅损害了司法权威，而且在一定范围

---

① 杨春福. 论法治秩序 [J]. 法学评论，2011（6）：3-8.

内造成了社会秩序的紊乱。因此，公民能够理性地接受司法审判结果是以法治秩序状态衡量公民法治素养的重要指标。

三是综合评价体系。根据《大纲》的要求，公民法治教育被列入国民教育系列，为了保证学校对《大纲》的落实，应该以专业评估的方式对公民法治教育情况进行检查，包括法治课程的经费投入、时间保障、内容设置、师资配备、资源整合以及学生的法治水平等，以此作为衡量学校教育质量的重要指标。为此，需要学术界和教育一线工作者共同合作，设计科学合理的专业评估的评价指标体系，并保证相关指标的可操作性，防止流于形式。同时，法治指数是国际上衡量国家法治建设状况的量化标准和评估体系，法治指数在我国的理论界与实务界都取得了很多的研究成果和实践经验，可以借鉴法治指数的量化标准和评估体系，探索公民法治教育指数以作为系统衡量公民法治教育效果的指标和依据。公民法治教育指数可以从评估对象、指标体系、数据样本、评估方法、评估目的等几个方面做出探索，注重评估主体的公信力以及评估机制的完善性，关注当代中国转型过程中公民法治教育的一些特殊因素，根据公民法治教育指数对当代中国公民法治教育模式和具体路径进行调整，使公民法治教育的功能得以充分发挥，为当代中国法治进程的推进提供重要的精神动力。

本章小结

公民法治教育具有重要的功能，其中，认同与接纳是公民法治教育的核心功能，即通过公民法治教育实现公民对国家的认同、制度的认同和文化的认同，并以此增强公民对国家的归属感和民族凝聚力以及规则意识。除了核心功能外，公民法治教育具有重要的四维功能机制：一是导引功能机制，公民法治教育能够导引法治理念的正确确立，导引法律制度的价值取向，导引法律实施的正确方向。耦合功能机制体现为基于公民法治教育所形成的法治意识、法治思维在政治、经济、文化以及社会领域等相关法律制度的内在耦合。驱动功能机制体现为公民的权利的主张能够驱动立法和法律的实施以及通过权力的监督驱动法律的实施与完善。反思功能机制体现为，从积极的角度来讲，具有法律思维、法治理念的公民能够对"良法善治"进行理性评判，通过各种方式对法律制度进行理性的审视，提出修改的意见和诉求，或者进行批评，可以积极参与对国家的治理，并建言献策；从消极层面来看，公民的一些非理性行为说明了国家相关制度存在的缺陷，现行的法律制度应该进行反思。公民法治教育功能的实现关键在于具体的实施路径，首先应该实现德育、普法与法育的体系整合，确立法育的独立地位，以德育滋养法育，并强化"普法"对"法育"的实际效能；其次是建立国家、社会与学校的多元平台机制，通过国家、社会和学校的多元合力提高我国公民的法治素养；再次是通过增强法律观念、促进法治行为的养成以及提高法治实践能力等多维途径推进公民法治教育的全面展开；最后是通过强化党在公民法治教育中的领导地位、充分发挥媒体的舆论引导作用以及健全公民法治教育的评价体系来保证公民法治教育功能的实现。

结　语

本书以当代中国公民的法治教育模式和功能机制以及实现路径为研究对象，阐述了世界各国主要的公民教育模式，分析了全球化时代公民身份变迁及新型公民权诉求的产生与积极公民权的时代需要对各国公民教育提出的挑战及其变革与发展趋势，为中国法治教育模式和途径的探索提供理论和经验支撑。

在中国历史上，不同时期不同的社会结构决定了对社会主体品格培养的不同需求，因此，中国历史上国家对民众素养的培养经历了臣民、国民、人民和公民的不同演进模式与路径。

改革开放后，中国的政治结构和经济体制发生了重大的变化，中国法治建设的进程明显加快，法律体系不断完善，公民在国家发展与法治建设中的主体性地位不断凸显，但是，公民的法治素养严重滞后，并成为全面推进依法治国的重要阻碍因素。探究公民法治教育模式成为重要的时代课题。

基于全球公民教育发展趋势及我国的历史传统与现实国情，中国公民法治教育模式的建构必须体现四个方面的基本内涵：首先，公民法治教育模式必须遵循"一核多元"的价值主线，即以社会主义核心价值观为主线，涵盖多元融合的民主法治理念。其中，以社会主义核心价值观为主线能够增强公民对中国特色社会主义法律制度的信仰、社会责任感和使命感，并且能够为改革与发展过程中各种风险的应对提供正确的方向指引；民主法治理念是法治建设的"普世价值"，也是中国公民法治教育的重要价值追求，包括权力制约理念、法律至上理念、公平正义理念以及人权保障理念等。在当代中国，"一核"与"多元"具有内在的契合性，是中国法治建设必须坚持的底线原则，也是公民法治教育的核心内容。其次，中国公民法治教育模式必须体现结构平衡的权义定位。公民法治教育模式必须符合中国特色社会主义法治建设，体现社会主义法治的权利义务观，即祛除传统的"臣民"观念，培养独立人格，祛除"私民"观念，成为"好公民"。这就需要在公民法治教育中培养公民对权力与权利、权利与权利以及权利与义务的平衡观念，只有这样才能为法治国家、法治政府和法治社会的建设提供主体性条件。再次，公民法治教育模式需要体现公私领域的两重框架。十八大以来，国家和社会协同共治成为推动国家治理体系与治理能力现代化发展的必要条件，那么，如何提高公民理性参与国家政治生活的能力以及社会自治的能力就成为公民法治教育的重要任务，因此，在公民法治教育模式的建构过程中，必须进行横纵交融的框架设计，培养公民公共生活的参与能力，包括民主参与能力和公共伦理的培养，使公民具备民主协商能力、权利主张能力、权利维护能力以及理性自律能力。最后，公民法治教育使公民对私人生活中的行为尺度进行合理的认知，养成诚信观念、公平原则、平等理念和契约精神。公民法治教育模式的实现需要具体的制度理念的层级安排，以宪法教育为核心，进行层级化的内容安排，培养公民的法律常识、法律制度、法治原则和法治理念。而且，公民法治教育需要连续的、长期的过程，因此，需要贯穿学校教育全过程，使公民经过系统的学习掌握公民知识，养成公民行为并提高公民法治能力。

　　公民法治教育的中国模式在当代中国的法治建设以及中华民族伟大复兴中具有重要的功能。公民法治教育的核心功能是认同与接纳，具体表现为国家认同、制度认同与文化认同，通过对国家、制度与文化的认同与接纳，能够增强国家的凝聚力和向心力，而且会增强公民对国家的归属感和依赖感，是实现民族团结，抵御外来敌对势力的民族情感基础，公民法治教育恰恰是培养这种情感基础的重要方式。

　　公民法治教育的四维功能机制包括导引功能机制、耦合功能机制、驱动功能机制和反思功能机制。其中，导引功能机制表现为能够导引法治理念的合理确立、法律制度的价值取向、法律实施的正确方向，从而使当下中国的法律制度具备"善法"的品质，为实现"善治"提供制度基础；耦合功能机制表现为公民的法治观念，法治理念通过法治教育获得培育，并通过立法程序注入政治、经济、文化以及社会领域等法律制度当中，相关法律制度因体现了公民的价值诉求而获得自觉遵守，这种耦合功能机制是法治秩序生成的重要推动力量；驱动功能机制表现为公民通过法治教育养成的法治素养和公民品格能够驱动相关法律制度的制定与完善，驱动相关法律制度的实施以及法治秩序的生成；反思功能机制表现为公民在法治教育中获得理性审视和评判现行法律制度的制定与实施的能力，进而从积极和消极两个层面引起对现行制度的反思，推动法律制度的完善。

　　基于公民法治教育的中国模式的建构及其功能实现的现实必要性，我国公民法治教育应当推进多元协同的实施路径。首先，对与法育相关的德育和普法进行体系化整合，确立法育的独立地位，注意德育、法育与普法相互间的衔接和配合，以德育滋养法育，以普法增强公民法治教育的实效性。其次，构建法治教育的国家、社会与学校层面的平台机制，国家的主要职责是对公民法治教育的方向进行准确定位，进行顶层设计，为公民法治教育营造民主法治氛围，并进行具体的制度设计；社会的主要职责是发挥网络培育公民法治素养的功能，发挥国家机关在公民法治教育中的作用，通过建立社会实践基地推动公民法律行为的养成和法治能力的提高；学校的主要职责是通过系统的理论讲授与实践训练，培养学生的法治思维、法治理念，培养学生参与政治生活的责任感、使命感以及合理维护自身权益和依法履行法定义务的意识和能力。再次，探索法治观念、行为和实践等多维途径，主要是拒绝宣传和灌输，创建理性的公共话语，通过教育方式的改革与创新推动公民法治观念的形成，并通过观察式、体验式及参与式途径的创建，有效地培养公民对法治的认同、法治理念的确立和法治行为的养成。最后，提供公民法治教育的条件保障，在领导体制、引导方式以及评价办法方面进行积极的探索，强化中国共产党在公民法治教育中的领导地位，媒体以多种方式和途径引导公民对法治教育进行正确认知，形成法律观念和法治理念，并积极构建公民法治教育的评估体系，推进公民法治教育模式的不断改革、创新与完善。

参考文献

一、著作及译著类

［1］马克思恩格斯选集：第 1 卷［M］. 北京：人民出版社，2012.

［2］列宁. 列宁全集：第 8 卷［M］. 北京：人民出版社，1957.

［3］孙中山. 孙中山全集：第 1 卷［M］. 北京：中华书局，1981.

［4］毛泽东. 毛泽东选集：第 5 卷［M］. 北京：人民出版社，1977.

［5］周恩来. 周恩来选集：上卷［M］. 北京：人民出版社，1984.

［6］邓小平. 邓小平文选（第 2 卷）［M］. 北京：人民出版社，1994.

［7］刘少奇. 刘少奇选集：下卷［M］. 北京：人民出版社，1981.

［8］习近平. 习近平关于全面依法治国论述摘编［C］. 北京：中央文献出版社，2015.

［9］习近平. 习近平谈治国理政：第一卷［M］. 北京：外文出版社，2014.

［10］武进. 公民身份认同教育目标的构建：责任、法治与价值取向［M］. 北京：北京大学出版社，2019.

［11］戴圣. 礼记：月令第六［M］. 胡平生，张萌，译注. 北京：中华书局，2017.

［12］徐贲 . 统治与教育：从国民到公民［M］. 北京：中央编译出版社，2016.

［13］姚建龙 . 大学生法治教育论［M］. 北京：中国政法大学出版社，2016.

［14］苗力田 . 亚里士多德全集：第九卷［M］. 北京：中国人民大学出版社，2016.

［15］李升元 . 公民意识教育：法治实践的附加价值研究［M］. 北京：中国人民公安大学出版社，2015.

［16］刁瑷辉 . 当代公民身份理论研究［M］. 上海：复旦大学出版社，2014.

［17］刘丹 . 全球化时代的认同问题与公民教育：基于公民身份的视角［M］. 北京：北京师范大学出版社，2013.

［18］张宏杰 . 中国国民性演变历程［M］. 长沙：湖南人民出版社，2013.

［19］中共中央文献研究室 . 毛泽东年谱：1949—1967：第 3 卷［M］. 北京：中央文献出版社，2013.

［20］孔锴 . 美国公民教育模式研究［M］. 北京：中国社会科学出版社，2013.

［21］舒新城 . 近代中国教育史料［M］. 北京：中国人民大学出版社，2012.

［22］秦树理，陈思坤，王晶 . 西方公民学说史［M］. 北京：人民出版社，2012.

［23］萧功秦 . 超越左右激进主义：走出中国转型的困境［M］. 杭州：浙江大学出版社，2012.

［24］檀传宝 . 公民教育引论：国际经验、历史变迁与中国公民教育

的选择 [M]. 北京：人民出版社，2011.

[25] 冯俊，龚群. 东西方公民道德研究 [M]. 北京：中国人民大学出版社，2011.

[26] 江国华. 宪法与公民教育：公民教育与中国宪政的未来 [M]. 武汉：武汉大学出版社，2010.

[27] 田正平. 中国教育史研究：近代分卷 [M]. 上海：华东师范大学出版社，2009.

[28] 常士闇. 异中求和：当代西方多元文化主义政治思想研究 [M]. 北京：人民出版社，2009.

[29] 马长山. 法治的社会维度与现代性视界 [M]. 北京：中国社会科学出版社，2008.

[30] 林火旺. 正义与公民 [M]. 长春：吉林出版集团有限责任公司，2008.

[31] 顾成敏. 公民社会与公民教育 [M]. 北京：知识产权出版社，2007.

[32] 刘兴华，刘仁坤. 孙中山思想研究：关于孙文学说思想体系构建原则的初步思考 [M]. 哈尔滨：黑龙江人民出版社，2007.

[33] 马长山. 法治进程中的"民间治理" [M]. 北京：法律出版社，2006.

[34] 丛日云. 中国公民读本 [M]. 天津：天津教育出版社，2006.

[35] 刘诚. 现代社会中的国家与公民 [M]. 北京：法律出版社，2006.

[36] 王文岚. 社会科课程中的公民教育研究 [M]. 北京：中国社会科学出版社，2006.

[37] 鲁迅. 两地书 [C] //鲁迅作品集. 北京：学苑音像出版社，

2005.

[38] 许崇德.中华人民共和国宪法史 [M].福州：福建人民出版社，2005.

[39] 焦国成，李萍.公民道德论 [M].北京：人民出版社，2004.

[40] 马长山.国家、市民社会与法治 [M].北京：商务印书馆，2002.

[41] 杨雪冬.全球化：西方理论前沿 [M].北京：社会科学文献出版社，2002.

[42] 王瑞荪.比较思想政治教育学 [M].北京：高等教育出版社，2001.

[43] 张树华.过渡时期的俄罗斯社会 [M].北京：新华出版社，2001.

[44] 戚万学.冲突与整合：20世纪西方道德教育理论 [M].济南：山东教育出版社，1995.

[45] 梁启超.新民说 [M].沈阳：辽宁人民出版社，1994.

[46] 夏伟东.道德本质论 [M].北京：中国人民大学出版社，1991.

[47] 薛福成.出使英法义比四国日记 [M].长沙：岳麓书社，1985.

[48] 郭嵩焘.伦敦与巴黎日记 [M].长沙：岳麓书社，1984.

[49] 蔡元培.蔡元培全集：第2卷 [M].北京：中华书局，1984.

[50] 龚自珍.龚自珍全集：西域置行省议 [M].上海：上海人民出版社，1975.

[51] 威廉·戴蒙.品格教育新纪元 [M].刘晨，康秀云，等译.北京：人民出版社，2015.

[52] 柏拉图.理想国 [M].郭斌和，张竹明，译.北京：商务印书馆，2013.

[53] 曼弗雷德·富尔曼.公民时代的欧洲教育典范 [M].任革，

译. 北京：人民出版社，2013.

[54] 岭井明子. 全球化时代的公民教育：世界各国及国际组织的公民教育模式 [M]. 姜英敏，译. 广州：广东教育出版社，2012.

[55] 狄百瑞. 亚洲价值与人权：儒家社群主义的视角 [M]. 尹钛，译. 北京：社会科学文献出版社，2012.

[56] 塔斯基·福托鲍洛斯. 当代多重危机与包容性民主 [M]. 李宏，译. 济南：山东大学出版社，2012.

[57] 塞缪尔·亨廷顿. 文明的冲突与世界秩序的重建 [M]. 周琪，刘绯，张立平，等译. 北京：新华出版社，2010.

[58] 德里克·希特. 公民身份：世界史、政治学与教育学中的公民理想 [M]. 郭台辉，余慧元，译. 长春：吉林出版集团有限责任公司，2010.

[59] 李侃如. 治理中国：从革命到改革 [M]. 胡国成，赵梅，译. 北京：中国社会科学出版社，2010.

[60] 托马斯·海贝勒，君特·舒耕德. 从群众到公民：中国的政治参与 [M]. 张文红，译. 北京：中央编译出版社，2009.

[61] 乔治·理查森，大卫·布莱兹. 质疑公民教育的准则 [M]. 郭洋生，邓海，译. 北京：教育科学出版社，2009.

[62] 基思·福克斯. 公民身份 [M]. 郭忠华，译. 长春：吉林出版集团有限责任公司，2009.

[63] 白莱恩·特纳. 公民身份与社会理论 [M]. 郭忠华，译. 长春：吉林出版集团有限责任公司，2007.

[64] 莱因荷德·齐柏里乌斯. 法学导论 [M]. 金振豹，译. 北京：中国政法大学出版社，2007.

[65] 欧内斯特·J. 温里布. 私法的理念 [M]. 徐爱国，译. 北京：北京大学出版社，2007.

［66］德里克·希特. 何谓公民身份［M］. 郭忠华，译. 长春：吉林出版集团有限责任公司，2007.

［67］安·塞德曼，罗伯特·塞德曼. 发展进程中的国家与法律：第三世界问题的解决和制度变革［M］. 冯玉军，俞飞，译. 北京：法律出版社，2006.

［68］沃尔特·帕克. 美国小学社会与公民教育［M］. 谢竹艳，译. 南京：江苏教育出版社，2006.

［69］路易·若斯兰. 权利相对论［M］. 王伯琦，译. 北京：中国法制出版社，2006.

［70］纪念美国宪法颁布200周年委员会. 美国公民与宪法［M］. 劳娃，许旭，译. 北京：清华大学出版社，2006.

［71］威廉·A. 盖尔斯敦. 自由多元主义［M］. 佟德志，庞金友，译. 南京：江苏人民出版社，2005.

［72］塞缪尔·亨廷顿. 我们是谁？美国国家特性面临的挑战［M］. 程克雄，译. 北京：新华出版社，2005.

［73］罗伯特·W. 麦克切斯尼. 富媒体 穷民主：不确定时代的传播政治［M］. 谢岳，译. 北京：新华出版社，2004.

［74］史蒂芬·霍尔姆斯，凯斯·R. 桑斯坦. 权利的成本［M］. 毕竞悦，译. 北京：北京大学出版社，2004.

［75］安东尼·阿巴拉斯特. 西方自由主义的兴衰［M］. 曹海军，译. 长春：吉林人民出版社，2004.

［76］威尔·金里卡. 当代政治哲学：下［M］. 刘莘，译. 上海：上海三联书店，2004.

［77］川岛武宜. 现代化与法［M］. 申政武，等译. 北京：中国政法大学出版社，2004.

[78] 米歇尔·鲍曼.道德的市场 [M].肖君,黄承业,译.北京：中国社会科学出版社,2003.

[79] 哈贝马斯.在事实与规范之间 [M].童世骏,译.北京：生活·读书·新知三联书店,2003.

[80] 约翰·凯克斯.反对自由主义 [M].应奇,译.南京：江苏人民出版社,2003.

[81] 伯尔曼.法律与宗教 [M].梁治平,译.北京：中国政法大学出版社,2003.

[82] 安东尼·吉登斯.第三条道路及其批评 [M].孙相东,译.北京：中共中央党校出版社,2002.

[83] 约翰·格雷.自由主义的两张面孔 [M].顾爱彬,李瑞华,译.南京：江苏人民出版社,2002.

[84] 尤尔根·哈贝马斯.包容他者 [M].曹卫东,译.上海：上海人民出版社,2002.

[85] 圭多·德·拉吉罗.欧洲自由主义史 [M].杨军,译.长春：吉林人民出版社,2001.

[86] 詹姆斯·N.罗西瑙.没有政府的治理 [M].张胜军,刘小林,等译.南昌：江西人民出版社,2001.

[87] 森岛通夫.透视日本：兴与衰的怪圈 [M].天津编译中心,译.北京：中国财经经济出版社,2000.

[88] 托马斯·雅诺斯基.公民与文明社会 [M].柯雄,译.沈阳：辽宁教育出版社,2000.

[89] 雅克·阿达.经济全球化 [M].何竟,周晓幸,译.北京：中央编译出版社,2000.

[90] 德华·W.萨义德.东方学 [M].王宇根,译.北京：生活·读

书·新知三联书店, 1999.

[91] 艾德勒. 六大观念 [M]. 郗庆华, 译. 北京: 生活·读书·新知三联书店, 1998.

[92] J. 范伯格. 自由、权利和社会正义 [M]. 王守昌, 戴栩, 译. 贵阳: 贵州人民出版社, 1998.

[93] 边沁. 政府片论 [M]. 沈叔平, 等译. 北京: 商务印书馆, 1995.

[94] 伯纳德·施瓦茨. 美国法律史 [M]. 王军, 洪德, 杨静辉, 译. 北京: 中国政法大学出版社, 1990.

[95] 威廉·哈维兰. 当代人类学 [M]. 王铭铭, 译. 上海: 上海人民出版社, 1987.

[96] 霍尔巴赫. 自然的体系: 上卷 [M]. 北京: 商务印书馆, 1964.

[97] 詹姆斯·布坎南. 自由、市场与国家 [M]. 平新乔, 莫扶民, 译. 北京: 生活·读书·新知三联书店, 1989.

[98] 丹尼尔·贝尔. 资本主义文化矛盾 [M]. 赵一凡, 蒲隆, 任晓晋, 译, 北京: 生活·读书·新知三联书店, 1989.

[99] E. 博登海默. 法理学: 法哲学及其方法 [M]. 邓正来, 姬敬武, 译. 北京: 华夏出版社, 1987.

[100] 亚里士多德. 政治学 [M]. 吴寿彭, 译. 北京: 商务印书馆, 1965.

二、编著类

[1] 张福建. 参与和公民精神的养成 [C] //许纪霖. 公共性与公民观. 南京: 江苏人民出版社, 2006.

[2] 乌尔里希·贝克. 关于风险社会的对话 [C]. 路国林, 译//薛晓源, 周战超. 全球化与风险社会. 北京: 社会科学文献出版社, 2005.

[3] 约翰·霍尔. 探寻公民社会 [C]. 何增科, 译//何增科. 公民社会与第三部门. 北京: 社会科学文献出版社, 2000.

[4] 乌尔里希·卡本. "法治国家" 产生效应的条件 [C] //约瑟夫·夏辛, 容敏德. 法治. 阿登纳基金会, 译. 北京: 法律出版社, 2005.

[5] 威尔·吉姆利卡, 威尼·诺曼. 公民的回归: 公民理论近作综述 [C]. 毛兴贵, 译//许纪霖. 共和、社群与公民. 南京: 江苏人民出版社, 2004.

[6] 罗伯特·D. 普特南. 繁荣的社群: 社会资本与公生活 [C]. 杨蓉, 译//李惠斌, 杨雪冬. 社会资本与社会发展. 北京: 社会科学文献出版社, 2000.

[7] 查尔斯·泰勒. 承认的政治 [C] //陈清侨. 身份认同与公共文化: 文化研究论文集. 牛津: 牛津大学出版社, 1997.

[8] 沃纳·伯肯梅耶. 法治国家: 德意志联邦共和国的法治 [C] //约瑟夫·夏辛, 容敏德. 法治. 阿登纳基金会, 译. 北京: 法律出版社, 2005.

[9] 俞可平. 中译本序言 [C] //弗拉基斯拉夫·伊诺泽姆采夫. 民主与现代化: 有关 21 世纪挑战的争论. 徐向梅, 等译. 北京: 中央编译出版社, 2011.

[10] 恩靳·伊辛, 布雷恩·特纳. 公民权研究: 导论 [C] //恩靳·伊辛, 布雷恩·特纳. 公民权研究手册. 王小章, 译. 杭州: 浙江人民出版社, 2007.

[11] 夏勇. 法治是什么: 渊源、规诫与价值 [C] //夏勇, 李林, 丽狄娅·芭斯塔·弗莱纳. 法治与 21 世纪. 北京: 社会科学文献出版

社，2004.

[12] 胜雅律 . 不同法治文明间的对话：在"法治与 21 世纪"国际学术研讨会闭幕式上的发言 [C]. 党生翠，译//夏勇，李林，丽狄娅·芭斯塔·弗莱纳 . 法治与 21 世纪 . 北京：社会科学文献出版社，2004.

[13] 李普曼 . 公共哲学的复兴 [C] //刘军宁，编 . 市场逻辑与国家观念 . 北京：生活·读书·新知三联书店，1995.

三、杂志类

[1] 习近平 . 在新的起点上深化国家监察体制改革 [J]. 当代党员，2019（6）.

[2] 李包庚 . 中国共产党对马克思"真正的共同体"的百年探索实践与原创性贡献 [J]. 西南大学学报：社会科学版，2021（2）.

[3] 张玚 . 人民日报碎片化新闻评论提升舆论引导力路径分析 [J]. 视听，2021（2）.

[4] 黄文艺 . 权力监督哲学与执法司法制约监督体系建设 [J]. 法律科学：西北政法大学学报，2021（2）.

[5] 朱哲，吕霁航 . 公民制度化政治参与内生动力生发机制质性探究 [J]. 社会科学战线，2021（2）.

[6] 陈晓运，黄丽婷 . "双向嵌入"：社会组织与社会治理共同体建构 [J]. 新视野，2021（2）.

[7] 张文显 . 习近平法治思想的理论体系 [J]. 法治与社会发展，2021（1）.

[8] 肖雅月，张晓东 . 志愿服务的伦理之维 [J]. 江苏社会科学，2021（1）.

［9］吴贵春．以文化人的三个维度［J］．内蒙古农业大学学报：社会科学版，2021（1）．

［10］李腾飞．"人类命运共同体"的内涵逻辑及其价值诉求［J］．太原理工大学学报：社会科学版，2021（1）．

［11］李松龄．构建有效经济体制的理论认识与制度安排［J］．江汉论坛，2021（1）．

［12］何明升．智慧社会：概念、样貌及理论难点［J］．学术研究，2020（11）．

［13］魏小梅．荷兰中小学生数字素养学习框架与实施路径［J］．比较教育研究，2020（12）．

［14］赵文政，张立国．美国数字化教育资源发展策略分析及启示［J］．教学与管理，2020（22）．

［15］陈竹萱，罗会钧．中法全球公民意识教育比较及启示［J］．大陆桥视野，2020（11）．

［16］韩震．现代性、全球化及其认同问题［J］．新视野，2001（5）．

［17］刘路．德国中小学公民教育的现状与挑战［J］．思想政治课教学，2020（10）．

［18］郑旭东，范小雨．欧盟公民数字胜任力研究：基于三版欧盟公民数字胜任力框架的比较分析［J］．比较教育研究，2020（6）．

［19］侯竹青．中国共产党对"人民"概念的构建与意义形塑：1921—1949［J］．湖北大学学报：哲学社会科学版，2020（6）．

［20］王永香，王心渝，陆卫明．规制、规范与认知：网络协商民主制度化建构的三重维度［J］．西安交通大学学报，2021（1）．

［21］韩大元．后疫情时代：重塑社会正义［J］．中国法律评论，2020

（5）．

[22] 马长山．数字社会的治理逻辑及其法治化展开 [J]．法律科学，2020（5）．

[23] 刘作翔．构建法治主导下的中国社会秩序结构：多元规范和多元秩序的共存共治 [J]．学术月刊，2020（5）．

[24] 陶青德．从"民法精神"切入：打开《民法典》的恰当方式 [J]．甘肃理论学刊，2020（4）．

[25] 郑功成．中国社会法：回顾、问题与建设方略 [J]．内蒙古科学，2020（3）．

[26] 何明升．智慧生活：个体自主性与公共秩序性的新平衡 [J]．探索与争鸣，2018（5）．

[27] 张文显．新时代中国社会治理的理论、制度和实践创新 [J]．法商研究，2020（2）．

[28] 王新建，傅红冬，邓栋．国家认同教育的"生成论"反观与改进路向 [J]．宁夏社会科学，2020（2）．

[29] 谢晖．法律至上与国家治理 [J]．比较法研究，2020（1）．

[30] 张文显．社会主义核心价值观与法治建设 [J]．中国人大，2019（19）．

[31] 吴俊．爱国何以是一种公民美德 [J]．哲学研究，2019（10）．

[32] 谭祥花．论教育对国民性的改造 [J]．教育与教学研究，2019（9）．

[33] 马长山．智慧社会背景下的"第四代人权"及其保障 [J]．中国法学，2019（5）．

[34] 孔德永．社会主义制度认同的历史经验 [J]．河南社会科学，2019（3）．

[35] 刘存宝，张伟. 文化冲突与理念弥合："一带一路"背景下新型世界公民教育刍议 [J]. 清华大学教育研究，2018（8）.

[36] 胡艳蓓. 当代西方公民教育思想述评 [J]. 国外社会科学，2002（4）.

[37] 胡为雄. 建国后毛泽东教育思想的发展与演化 [J]. 毛泽东邓小平理论研究，2018（3）.

[38] 马长山. 马克思恩格斯民主契约法律观的"理论替换"及真实践反差 [J]. 华东政法大学学报，2004（2）.

[39] 吴玉龙，陈金艳. 论社会主义核心价值观与法治建设的理论契合与实践融入 [J]. 延边党校学报，2018（1）.

[40] 姜峰，陈锦韬. 欧盟《通过教育促进公民权利以及自由、包容、不歧视的共同价值观》宣言述评 [J]. 世界教育信息，2017（20）.

[41] 王鉴. 西方国家的多元文化教育及其批判 [J]. 贵州民族研究，2004（3）.

[42] 冯玉军. 把社会主义核心价值观融入法治建设的要义和途径 [J]. 当代世界与社会主义，2017（4）.

[43] 赵天宝. 中国普法三十年（1986-2016）的困顿与超越 [J]. 环球法律评论，2017（4）.

[44] 李敏，PRINT M. 现代公民教育在我国义务教育阶段课程中的实现：基于相关学科的课程标准与指导纲要的分析 [J]. 教育学报，2017（2）.

[45] 朱小蔓，冯秀军. 中国公民教育观发展脉络探析 [J]. 教育研究，2006（12）.

[46] 周大鸣，申玲玲. 从"熔炉"到"马赛克"：加拿大的族群及族群政策 [J]. 青海民族研究，2017（1）.

［47］王晓君. 基础教育阶段的宪法教育研究［J］. 教育探索，2016（10）.

［48］马一德. 宪法框架下的协商民主及其法治化路径［J］. 中国社会科学，2016（9）.

［49］教育部、司法部、全国普法办关于印发《青少年法治教育大纲》的通知［J］. 中小学德育，2016（8）.

［50］郭海霞. "法治中国"话语下法律体系的完善［J］. 学术交流，2016（7）.

［51］马长山. 法治中国建设的"共建共享"路径与策略［J］. 中国法学，2016（6）.

［52］马长山. 法治进程中公民意识的功能及其实现［J］. 社会科学研究，1999（3）.

［53］喻希来. 中国人本位的世界公民主义［J］. 战略与管理，2003（2）.

［54］王凯，张晓武. 试论蒋介石的"儒化"三民主义［J］. 赤峰学院学报：汉文哲学社会科学版，2015（7）.

［55］尚洪波. 民国时期国民性教育的大众探索与现实指归［J］. 北方论丛，2015（5）.

［56］马长山. 法治文化视野下公民精神与品格的"自觉性生态"转型［J］. 新疆师范大学学报：哲学社会科学版，2015，36（3）.

［57］魏海苓. 从权利公民到责任公民：加拿大公民教育的价值演变与实践模式［J］. 高教探索，2015（1）.

［58］庄然，刘新宜. 对建国以来我国公民意识教育的反思［J］. 改革与开放，2014（18）.

［59］李兰芬. 国家认同视域下的公民道德建设［J］. 中国社会科学，

2014（12）.

[60] 金太军，姚虎. 国家认同：全球化视野下的结构性分析 [J]. 中国社会科学，2014（6）.

[61] 马长山. 公民意识：中国法治进程的内驱力 [J]. 法学研究，1996（6）.

[62] 马长山. "法治中国"建设的转向与策略 [J]. 环球法律评论，2014（1）.

[63] 冯建军. 多元文化主义公民身份与公民教育 [J]. 比较教育研究，2014（1）.

[64] 韩大元. "法治中国"的宪法界限 [J]. 环球法律评论，2014（1）.

[65] 冯建军. 社群主义公民身份与公民教育 [J]. 社会科学占线，2013（11）.

[66] 王卓君，何华玲. 全球化时代的国家认同：危机与重构 [J]. 中国社会科学，2013（9）.

[67] 周光辉，刘向东. 全球化时代发展中国家的国家认同危机及治理 [J]. 中国社会科学，2013（9）.

[68] 门洪华. 两个大局视角下的中国国家认同变迁：1982—2012 [J]. 中国社会科学，2013（9）.

[69] 冯建军. 自由主义公民身份与公民教育 [J]. 南京社会科学，2013（7）.

[70] 徐祖澜. 公民"闹大"维权的中国式求解 [J]. 法治与社会发展，2013（4）.

[71] 宝成关. 论孙中山的国民观 [J]. 广东社会科学，2012（3）.

[72] 朱振. 中国特色社会主义法治话语体系的自觉建构 [J]. 法制

与社会发展, 2013 (1) .

[73] 金生鈜. 公共道德义务的认同及其教育 [J]. 华东师范大学学报: 教育科学版, 2012 (3) .

[74] 周少青. 多元文化主义视域下的少数民族权利问题 [J]. 民族研究, 2012 (1) .

[75] 杜维明. 中国的崛起需要文化的支撑 [J]. 中国特色社会主义研究, 2011 (6) .

[76] 杨春福. 论法治秩序 [J]. 法学评论, 2011 (6) .

[77] 郑大华, 朱蕾. 国民观: 从臣民观到公民观的桥梁: 论中国近代的国民观 [J]. 晋阳学刊, 2011 (5) .

[78] 易继明. 中国法学教育的三次转型 [J]. 环球法律评论, 2011 (3) .

[79] 向德富, 向会斌. 辛亥革命时期的教育变革及其现代启示 [J]. 广州广播电视大学学报, 2011 (2) .

[80] 冯仕政. 中国国家运动的形成与变异: 基于政体的整体性解释 [J]. 开放时代, 2011 (1) .

[81] 李艳霞. 公民资格视域下当代中国公民教育的历史与逻辑 [J]. 浙江社会科学, 2010 (10) .

[82] 王啸. 论全球化时代中国公民教育的定位 [J]. 全球教育展望, 2010 (8) .

[83] 檀传宝. 论"公民"概念的特殊性与普适性: 兼论公民教育概念的基本内涵 [J]. 教育研究, 2010 (5) .

[84] 许纪霖. 普世文明, 还是中国价值?: 近十年中国的历史主义思潮 [J]. 开放时代, 2010 (5) .

[85] 张宁娟. 建国以来我国公民教育的发展脉络 [J]. 思想理论教

育，2010（5）.

[86] 孙克.中国传统臣民文化之价值结构析论 [J].大连理工大学学报：社会科学版，2010（3）.

[87] 范龙，王潇潇.试论网络时代的文化全球化 [J].湖北大学学报，2010（1）.

[88] 朱金瑞，林世选.新中国60年中国共产党人提升公民道德素质的探索 [J].中州学刊，2009（6）.

[89] 孔月霞.论公民教育在中国的发展趋势 [J].理论与现代化，2009（1）.

[90] 马长山.法治的平衡取向与渐进主义法治道路 [J].法学研究，2008（4）.

[91] 马长山.公民性塑造：中国法治进程的关键要素 [J].社会科学研究，2008（1）.

[92] 张平，姚笛.20世纪90年代以来我国公民教育问题研究综述 [J].党政干部学刊，2008（1）.

[93] 马长山.塑造公民文化，促进和谐秩序 [J].山东社会科学，2007（10）.

[94] 庞金友.族群身份与国家认同：多元文化主义与自由主义的当代论争 [J].浙江社会科学，2007（4）.

[95] 赵明玉.自由主义公民教育思想探析 [J].外国教育研究，2007（3）.

[96] 夏世忠，唐际昂.高校现代公民教育科学体系的构建 [J].中国成人教育，2007（5）.

[97] 李凤遐.俞庆棠民众教育思想述论 [J].江苏省社会主义学院学报，2007（1）.

[98] 陈媛. 社会主义民主政治建设视阈中的公民教育 [J]. 学术论坛, 2006 (12).

[99] 梁启超. 论近世国民竞争之大势及中国之前途 [J]. 清议报, 1899 (30)

[100] 张海鹏. 孙中山社会主义思想研究评说 [J]. 科学社会主义, 1991 (11).

[101] 梁治平. 身份社会与伦理法律 [J]. 读书, 1986 (3).

[102] 马长山, 李金枝. 青少年法治教育中的公民性塑造 [J]. 上海师范大学学报：哲学社会科学版, 2018 (4).

[103] 李金枝. "共建共治共享"治理格局中的公民法治精神塑造 [J]. 山东大学学报：哲学社会科学版, 2018 (6).

[104] 李金枝. 西化的法治话语与中国法治道路的深层张力及其消解 [J]. 学术交流, 2018 (4).

[105] 马长山, 李金枝. 公民精神理性成长的法治意义：基于新中国成立70年来的历史回顾与前瞻 [J]. 知与行, 2019 (5).

四、学位论文类

[1] 张超. 加拿大中小学全球公民教育课程研究 [D]. 哈尔滨：哈尔滨师范大学, 2020.

[2] 冯博. 新加坡共同价值观培育研究 [D]. 长春：东北师范大学, 2019.

[3] 樊飞. 司法审判对社会主义法治精神培育研究 [D]. 重庆：西南大学, 2016.

[4] 宋强. 世界公民教育思潮研究 [D]. 长春：东北师范大

学，2016.

[5] 孔令秋．俄罗斯非政府组织的"民间治理"与转型秩序重建[D]．上海：华东政法大学，2015.

[6] 杜海坤．美国公民教育课程模式研究[D]．武汉：中国地质大学，2014.

五、报纸类

[1] 毛泽东．关于正确处理人民内部矛盾的问题[N]．人民日报，1957-06-19（1）．

[2] 习近平．中共中央关于坚持和完善中国特色社会主义制度 推进国家治理体系和治理能力现代化若干重大问题的决定[N]．人民日报，2019-11-06（1）．

[3] 习近平．在庆祝改革开放40周年大会上的讲话[N]．人民日报，2018-12-19（2）．

[4] 习近平．决胜全面建成小康社会 夺取新时代中国特色社会主义伟大胜利：在中国共产党第十九次全国代表大会上的报告[N]．人民日报，2017-10-08（1）．

[5] 习近平．中共中央关于全面推进依法治国若干重大问题的决定：二〇一四年十月二十三日中国共产党第十八届中央委员会第四次全体会议通过[N]．人民日报，2014-10-29（1）．

[6] 环球网社评．给美国的"民主人权自由"做一个翻译[N]．环球时报，2021-02-19（14）．

[7] 刘尧，许正中．数字社会的六大变革[N]．学习时报，2020-12-25（3）．

［8］韩大元. 弘扬宪法精神 增强宪法自信［N］. 检察日报，2020-12-04（3）.

［9］江德斌. APP 条款频"变脸"违背契约精神［N］. 民主与法制时报，2020-07-11（2）.

［10］中共中央国务院印发《关于加强和改进新形势下高校思想政治工作的意见》［N］. 人民日报，2017-02-28（1）.

［11］关于进一步把社会主义核心价值观融入法治建设的指导意见［N］. 人民日报，2016-12-26（1）.

六、中文网站类

［1］习近平在十八届中央纪委二次全会上发表重要讲话［EB/OL］. 中国共产党新闻网，2013-01-22.

［2］中央宣传部、司法部关于在公民中开展法制宣传教育的第六个五年规划：2011-2015 年［A/OL］. 中国普法创新网，2011-06-07.

［3］习近平在中共中央政治局第十三次集体学习时强调把培育和弘扬社会主义核心价值观作为凝魂聚气强基固本的基础工程［R/OL］. 中华人民共和国中央人民政府网，2014-02-25.

［4］法治社会建设实施纲要：2020-2025 年［EB/OL］. 中国政府网，2020-12-07.

［5］白阳. 用法治之光点亮中国梦的伟大征程：我国"六五"普法成果综述［EB/OL］. 新华网，2016-04-27.

［6］中国互联网络信息中心. 中国互联网络发展状况统计报告：第 47 次［R/OL］. 中国政府网，2021-02-03.

［7］在庆祝中国共产党成立 95 周年大会上的讲话［EB/OL］. 人民

网，2021-04-16.

七、中译论文类

［1］BURNETT D G. 英国的多元文化教育与公民教育［J］. 刘绪，译. 湖南师范大学教育科学学报，2014（13）.

［2］奥骓·奥斯勒，侯·斯塔克. 民主公民的教育：1995-2005 年公民教育的研究、政策与实践述评［J］. 檀传宝，译. 中国德育，2006（1）.

［3］古城贞吉. 中国论［J］. 梁启超，译. 时务报，1896（17）.

八、外文论著类

［1］WARD A. Polis，Nation，Global Community：the Philosophic Foundations of Citizenship［M］. London，New York：Routledge，2021.

［2］WINSTANLEY G. The Law of Freedom in a Platform：or，True Magistracy Restored［M］. London：Cresset Press，1944.

［3］STRAUBER I L. Neglected Policies：Constitutional Law and Legal Commentary as Civic Education［M］. Durham：Duke University Press，2020.

［4］MAAYKEd V. Enacting Critical Citizenship：An Intersectional Approach to Global Citizenship Education［J］. Societies，2020，10（4）.

［5］PIETROCOLA M，RODRIGUES E，BERCOT F，et al. Risk Society and Science Education［J］. Science & Education，2021（30）.

［6］IKWUKA O I，ETODIKE C E，OKOLI O K. Differential Effects of Instruction Technique and Gender on Secondary School Students' Achievement in Civic Education in Anambra State，Nigeria［J］. Higher Education of Social Science，2020（19）.

[7] OBERLE M, STAMER M. Reaching the Hard-To-Reach with Civic Education on the European Union: Insights from a German Model Project [J]. Social Sciences, 2020, 9 (30).

[8] BYKER E J, VAINER V. Social Studies Education in Argentina: Hacia Una Ciudadania global? [J]. The Journal of Social Studies Research, 2020, 44.

[9] TWINE F. Citizenship and Social Rights: Aliens, Residents and Citizens: The Interdependence of Self and Society [M]. London: Sage, 1994.

[10] WAGHID Y, WONG K L. On the Responsibility of Schools to Cultivate Democratic Citizenship Education [J]. Citizenship Teaching Learning, 2020, 15 (3).

[11] MILLER D. Liberty [M]. Oxford: Oxford University Press, 1991.

[12] DESROCHES S J. An Education of Shared Fates: Recasting Citizenship Education [J]. Studies in Philosophy & Education, 2016, 35.

[13] DELANTY G. Citizenship in a Global Age [M]. London: Open University Press, 2000.

[14] KNOWLES R T. Asian Values and Democratic Citizenship: Exploring Attitudes Among South Korean Eighth Graders Using Data from the ICCS Asian Regional Module [J]. Asia Pacific Journal of Education, 2015, 35 (2).

[15] BEREDAY G Z F, MERRIAM C E. The Making of Citizens [M]. Teachers College Press, Columbia University, 1966.

[16] TORNEY-PURTA J. Adolescents Political Socialization in Changing Contexts: An International Study in the Spirit of Nevitt Sanford [J]. Political Psychology, 2004, 25.

[17] HARRIS J. Lineages of European Citizenship [M]. Basingstoke: Palgrave Macmillan, 2004.

[18] MOORE A C. Citizenship Education in the UK: for Liberation or Control [J]. 2nd International Conference, 2002 (6).

[19] OSLER A. Learning to Live Together: Citizenship Education in an Interdependent World [M]. Leicester: University of Leicester Press, 2002.

[20] WALTMAN J. Citizenship and Civic Republicanism in Contemporary Britain [J]. A Journal of Contemporary Thought, 1998.